Leonor Ruiz Gurillo

Las locuciones en español actual

ARCO/LIBROS, S. L.

CUADERNOS DE
Lengua Española
Dirección: L. Gómez Torrego

1.ª edición, 2001.
2.ª edición, 2018.

© by Arco/Libros-La Muralla, S. L., 2018
Juan Bautista de Toledo, 28. 28002 Madrid
ISBN: 978-84-7635-475-9
Depósito legal: M-16.315-2018
Printed in Spain - Impreso por Cimapress, S. L. (Madrid)

A mi maestro, Antonio Briz

ÍNDICE

Presentación 9

1. Introducción 11
   1.1. Ese oscuro objeto del deseo 11
   1.2. Sobre el nombre 14

2. Rasgos generales de las locuciones 16
   2.1. La fijación 16
   2.2. La idiomaticidad 19
   2.3. Las relaciones entre fijación e idiomaticidad 22

3. El espacio de las locuciones y las zonas limítrofes 27
   3.1. Locución y metáfora 27
   3.2. Locución y unidad sintagmática 30
   3.3. Locución y colocación 34
   3.4. El espacio de las locuciones 35

4. Propuestas de clasificación 37
   4.1. Clasificación de acuerdo con sus rasgos internos 37
   4.2. Clasificación categorial 41

5. Itinerarios para el análisis lingüístico 47
   5.1. Análisis formal 47
       5.1.1. Sintagmas nominales 48
       5.1.2. Sintagmas adjetivales 48
       5.1.3. Sintagmas verbales 48
       5.1.4. Sintagmas prepositivos 50
   5.2. Análisis morfológico 52
   5.3. Análisis sintáctico 54
       5.3.1. Locuciones nominales 54
       5.3.2. Locuciones adjetivales 54
       5.3.3. Locuciones verbales 55
       5.3.4. Locuciones adverbiales 55
       5.3.5. Locuciones marcadoras 57

5.3.6. Locuciones prepositivas 58
5.3.7. Locuciones clausales 59
5.4. Análisis semántico 59
5.5. Análisis lexicográfico 62
5.6. Análisis pragmático 65
    5.6.1. Recursos de cohesión y coherencia 65
    5.6.2. Las locuciones como armas argumentativas 69
    5.6.3. La gramaticalización de locuciones 75
    5.6.4. Combinaciones óptimamente relevantes 79
    5.6.5. Conclusiones 87
5.7. Análisis interdisciplinar 87
    5.7.1. El aprendizaje y la enseñanza de las locuciones 88
    5.7.2. Las locuciones, una reserva natural de la lengua con trastornos 90
    5.7.3. Las variedades "locucionales" 91
    5.7.4. La traducción de locuciones 93
    5.7.5. La lengua automática y la lingüística de corpus 94

EJERCICIOS 96

SOLUCIONES A LOS EJERCICIOS 100

BIBLIOGRAFÍA 105

PRESENTACIÓN

Cuando recibí el encargo por parte de Leonardo Gómez Torrego de elaborar un *Cuadernillo* para la Editorial Arco/Libros sobre alguno de los temas de la fraseología española, me costó bastante decidir el aspecto concreto que trataría, el enfoque que tendría y el tono con el que lo abordaría. Tras muchas conversaciones conmigo misma y con mis amigos y colegas, decidí hacerlo sobre locuciones, una de las clases de unidades fraseológicas, al tiempo que intenté darle el enfoque más amplio y más general posible junto al tono más didáctico. De la teoría a la práctica, o del dicho al hecho, suele haber bastante trecho, un trecho lleno de problemas, cavilaciones, decisiones más o menos difíciles y exclusiones voluntarias o no. No encontrará el receptor de estas páginas un tratado completo sobre las locuciones del español, sino tan solo trazos, líneas, esbozos que ayudan a delimitarlas, a separarlas de unidades a las que se parecen, a clasificarlas y a estudiarlas. El enfoque y el planteamiento inicial lo convierte en un material útil para estudiantes, profesores y público en general, interesado por estas unidades complejas de la lengua.

El capítulo 1 deslinda el objeto de estudio, las locuciones. Sus rasgos generales se abordan en el capítulo 2 y lo que las diferencia de otros procedimientos de la lengua, como las metáforas, los compuestos (o unidades sintagmáticas) o las colocaciones, en el capítulo 3. El capítulo 4 sirve de bisagra entre los anteriores y el siguiente, pues en él se reflexiona sobre las posibles clasificaciones a las que someter a las locuciones y se propone una nueva inspirada en las de Julio Casares, Alberto Zuluaga y Gloria Corpas. El capítulo 5 propone diversos itinerarios de análisis de carácter general que se fundamentan en los niveles lingüísticos. Estas vías intentan servir de ayuda y de estímulo al lector que se aventure a estudiar las locuciones españolas, pero en ningún caso pretenden constituirse en las únicas posibles para hacerlo. Cierran el libro los ejercicios con sus soluciones.

No puedo terminar este preámbulo sin dar las gracias. En primer lugar, a Lidio Nieto, director de la editorial, y a Leonardo Gómez Torrego, director de esta colección, que me brindaron la posibilidad de publicar esta monografía. No debo ni quiero olvidar que este libro no sería lo que es sin Elisa Benavent, Antonio Briz, Carmen Marimón, Xose Padilla, Salvador Pons e Isabel Santamaría, que leyeron, corrigieron el manuscrito y aportaron sugerencias y comentarios para mejorarlo; sin el grupo Val.Es.Co., punto de encuentro, de reflexión, de trabajo científico y de amistad; sin mis compañeros del Departamento de Filología Española, Lingüística General y Teoría de la Literatura de la Universidad de Alicante, crisol de estímulo; sin Goyo, mi marido, y sin Sara, mi hija, que me conceden el beneficio de la risa tras el trabajo; sin el corpus de textos sincrónicos (CREA) y diacrónicos (CORDE), editados electrónicamente por la RAE, de los que se han extraído numerosos ejemplos que han sido fuente continua de inspiración de las reflexiones teóricas; y sin algunos hablantes a los que les robé una frase al vuelo: Pablo, Xose, Juanjo, Andrea,...

Capítulo 1

INTRODUCCIÓN

1.1. Ese oscuro objeto del deseo

El *Cuadernillo* que el lector tiene entre sus manos va a tratar de las *locuciones*, también llamadas *modismos, frases hechas, expresiones fijas,* etc. Nuestro primer objetivo consiste en identificar el fenómeno, por lo que dejaremos para más tarde la cuestión terminológica. Estas unidades funcionan en la lengua junto a los sintagmas, los lexemas o los enunciados. Por ello, para poder determinar qué las acerca y qué las separa de otras expresiones lingüísticas, lo mejor es observar cómo actúan en un contexto dado. Examinemos el siguiente fragmento:

> (1) El discurso de la prosperidad económica ha calado hondo, dicen, y es verdad, tiene que serlo. El señor que me vende los tomates, la señora que me vende flores, distinguen con claridad entre tener dinero para echarle gasolina al coche o quedarse en Madrid sin vacaciones. De hecho, incluso si nada cambiara, el PSOE cuenta desde ahora mismo con una posibilidad cierta de volver al poder, que se activará en el momento en que, bajo un Gobierno del PP, el frutero o la florista se queden sin dinero para pasar una semana al año en Santo Domingo. Entonces la coyuntura económica mundial habrá cambiado, dirán, y será verdad, no tendrá más remedio que serlo. Pero, entretanto, descabalgada por la contundencia de los hechos de la soberbia intelectual que me impidió tomarme en serio a Fukuyama –¡a mí, con lo lista que soy, me la iba dar con queso ese neoliberalista fascistoide!– me atrevo a sugerir una lectura distinta de los resultados. El discurso de la prosperidad no es el único que ha empapado las conciencias de los votantes y los abstencionistas españoles. Esta situación es también la prueba de otro triunfo, del avasallador triunfo ideológico del entierro de las ideologías, del final de la historia, de la propaganda que afirma que la izquierda y la derecha ya no existen porque son la misma cosa, todo centro (Almudena Grandes, "El precio de los tomates", *El País Semanal*, 9-4-2000).

Vamos a centrarnos únicamente en los sintagmas verbales que registra el texto, esto es, en aquellas estructuras formadas por un verbo más sus complementos; de ellos seleccionamos únicamente los exigidos por aquel. De este modo, obtenemos las siguientes estructuras:

> Calar hondo
> Tener que serlo
> Vender tomates a Almudena
> Vender flores a Almudena
> Tener dinero
> Echarle gasolina al coche
> Quedarse sin vacaciones
> Contar con una posibilidad
> Pasar una semana en Santo Domingo
> No tener más remedio que serlo
> Tomarse en serio a Fukuyama
> Dársela con queso
> Atreverse a sugerir
> Empapar las conciencias de los votantes
> Afirmar que la izquierda y la derecha ya no existen

El resultado son 15 estructuras muy variadas: algunas exigen un objeto directo *(tener dinero, no tener más remedio que serlo, pasar una semana, empapar las conciencias, afirmar que la izquierda y la derecha ya no existen, tomarse en serio a Fukuyama)*; otras, un complemento argumental con preposición o suplemento *(quedarse sin vacaciones, contar con una posibilidad, atreverse a sugerir);* o un objeto directo y otro indirecto *(vender tomates/flores a Almudena, echarle gasolina al coche, dársela con queso);* las hay que son perífrasis verbales (*tener que serlo*). Este análisis elemental solo nos indica que los sintagmas seleccionados tienen formas diferentes, pero no nos permite determinar nada más. Sin embargo, al clasificarlos se observa con claridad que los ejemplos de los diferentes grupos no se comportan de igual modo: *vender tomates* o *vender flores a Almudena* podrían contar con alguna otra extensión contextual si la autora del artículo hubiera ejemplificado algo más y hubiera dicho, por ejemplo: *El señor que me vende los tomates, la señora que me vende flores, el chico que me vende el periódico, la panadera que me vende el pan, distinguen con claridad (...)*. Eso significa que tanto valdría decir que vendían tomates o flores como periódicos o pan. Así, el verbo *vender* puede rellenar su complemento directo con cualquiera de ellos y su complemento indirecto con otras opciones. Lo mismo ocurre con *tener dinero*. La escritora podría haber dicho que esas personas tenían dinero, casa o hijos. También ocurre con la perífrasis *tener que serlo* que podría aparecer como *tener que hacerlo* o *tener que decirlo*. Vamos a emplear esta prueba, la de la sustitución o conmutación, para observar cómo se comportan los otros sintagmas.

Pasar una semana en Santo Domingo permite que su complemento sea sustituido: *pasar un día, un mes, un año*. También ocurre con *empapar las conciencias*; continuando con la metáfora, podría escribirse que *ese discurso ha empapado los ánimos, las mentes* o *las almas de los votantes*. Si deshacemos la metáfora y empleamos el verbo con su sentido más literal y transparente diremos que *el café con leche ha empapado las sábanas, la cama* o *el pañuelo*. Por tanto, estamos ante un sintagma libre, que no presenta ninguna dificultad para sustituir el complemento que el verbo exige. De igual modo, el verbo *afirmar*, que en el ejemplo rellena su objeto directo con una proposición, podría completarse con un sintagma nominal: *afirman lo ya conocido, afirman cosas buenas de sus oponentes*. Algo diferente ocurre con *tomarse en serio a Fukuyama*: aunque acepta ser alterado *(tomarse en broma al dictador)* no permite modificaciones sustanciales, al menos del complemento prepositivo. Asimismo, este complemento no puede ser suprimido, ya que *tomarse a Fukuyama* tendría otro significado. *En serio/en broma* podrían combinarse con algunos otros verbos como *hacer, decir, afirmar, hablar, ir, pedir,* esto es, con muchos de los que existen en español, tal vez solo acotados por algún contenido semántico similar. De este modo, identificamos nuestras dos primeras locuciones, *en serio/en broma*, pues en ellas no es posible sustituir de forma libre sus componentes. En el caso de *no tener más remedio que serlo, remedio* es conmutable por *alivio, solución* u *obligación,* aunque esto supondría la transformación del sintagma. Lo que sí puede cambiar es el infinitivo que se sitúa al final: *no tener más remedio que serlo/hacerlo/decirlo/comentarlo/pasarlo,* etc. Esta combinación no soporta modificaciones en su parte más cohesionada, aunque el último complemento se comporta con libertad. Nos encontramos ante otra locución, *no tener (más) remedio,* en la que el complemento verbal no admite ser sustituido por otro, ya que forma con ese verbo una estructura soldada, como si de una sola palabra y no de varias se tratara.

Veamos ahora qué ocurre con las estructuras con suplemento: *quedarse sin vacaciones, contar con una posibilidad, atreverse a sugerir.* En los tres casos se acepta la sustitución de los suplementos por otros: *quedarse sin vacaciones/postre/juguetes; contar con una posibili-*

dad/alternativa/persona; atreverse a sugerir/decir/opinar. Por lo tanto, son sintagmas libres.

De las dos combinaciones con objeto directo e indirecto que nos quedan por analizar, *echarle gasolina al coche* admite la variación: *echarle comida al gato, echarle agua a las plantas.* Eso quiere decir que se comporta con libertad. Observemos ahora cómo actúa *dársela con queso.* Tenemos un supuesto complemento directo que ha sido ocupado por un pronombre femenino *la;* el contexto no nos permite sugerir a qué sustituye *(¿la comida, la estafa?)* y, desde luego, no se puede suprimir; tampoco se observa nítidamente si el pronombre *se* es un objeto indirecto o un dativo ético; además, a la estructura verbal se ha unido un complemento, *con queso,* sin el que no se entiende el sintagma, y cuya sustitución ocasionaría grandes cambios: *dársela con queso/*jamón/*pan/*vino.* Hemos detectado otra locución. *Dársela con queso* lo es, pues, por lo que sabemos hasta el momento, no puede modificarse con total libertad; más aún, no admite ciertas alteraciones.

Con tantos análisis hemos olvidado el primer sintagma verbal que aparece en el texto, *calar hondo,* ya que no se incluye en ninguno de los grupos: *calar* es un verbo transitivo que en este caso no incluye ese complemento necesario. Son normales las frases *el agua cala la pared, la humedad caló la fachada* o, con sentido figurado, *calé sus intenciones* o *sus palabras calaron en nuestras conciencias.* Pero lo que aquí encontramos es un adverbio que subraya el sentido de *calar;* suprimirlo supondría la pérdida de este valor; sustituirlo por otro como *profundo, intenso* o *fuerte,* la disminución del sentido. *Calar hondo* es un sintagma establecido por el uso, que tiene ese significado solo si las dos palabras funcionan conjuntamente, esto es, si conforman un tipo de unidad fraseológica denominado *colocación.*

Por lo tanto, a partir de la prueba de la sustitución o de la conmutación, hemos aislado algunos de los sintagmas que constituirán nuestro objeto de estudio: *en serio, en broma, no tener (más) remedio* y *dársela con queso* [a alguien]. Muy diferentes entre sí, pero todos ellos sintagmas fijos o locuciones.

1.2. Sobre el nombre

El término que designará a todos ellos será el de *locución.* Se han empleado otras denominaciones, de las que destacan las de *modismo, frase hecha* o *expresión fija*. Ya Casares en 1950 rechazaba el término *modismo* por considerarlo poco claro y mal acotado. En origen hace alusión a lo propio de una lengua, a lo más idiomático o característico de esta. Pero no es un buen nombre para referirse con exclusividad al fenómeno lingüístico que estudiamos.

Las denominaciones de *frase hecha* o *expresión fija* son excesivamente amplias y vagas. La primera asume un modo particular de hablar de cada pueblo o de cada lengua y se refiere a una parcela del discurso ya establecida, con lo que se refleja su falta de variación o sustitución. El problema es que todo o casi todo puede parecer una frase hecha. Además, el término *frase* podría hacer alusión tanto a un sintagma no independiente como a un enunciado, y aquí nos ocupamos únicamente de los primeros.

En cuanto a la segunda, constituye un término bastante aceptado. Lo empleó Alberto Zuluaga en 1980 en el primer manual sobre este tema que se publicó en español. Este autor acota con gran tino las combinaciones que constituyen expresiones fijas en español. No obstante, a menudo se emplea esta etiqueta sin llenarla de contenido, sin darle un verdadero valor, y todo resulta ser una expresión fija.

Por su parte, el nombre de *locución* fue empleado por Casares y retomado por Zuluaga para designar uno de los grupos de expresiones fijas. Es el más aceptado en la bibliografía actual sobre el tema y así lo registran, entre otros, Corpas (1996) o Penadés (1999) y (2000). Para denominar al superordinado o archilexema de las locuciones y de otras formas, como los refranes, las citas o las fórmulas pragmáticas, se ha aceptado la etiqueta de *unidad fraseológica*, la más empleada en la fraseología internacional.

Por el momento, baste decir que una locución es un sintagma fijo. Y que, por lo tanto, son locuciones *dársela con queso* [a alguien], *no tener (más) remedio*, *en serio* y *en broma*. Son muchas y muy variadas las locuciones españolas: *cortar el bacalao, sacar de quicio, tomar las de Villadiego, en definitiva, por supuesto, a tontas y a locas, mondo y lirondo, talón de Aquiles, caballo de batalla, en torno a, salirle* [a alguien] *el tiro por la culata*. Todos estos ejemplos podrían resistir con garantías la prueba de la sustitución.

Capítulo 2

RASGOS GENERALES DE LAS LOCUCIONES

Hemos afirmado que ciertas expresiones como *dársela con queso* son sintagmas fijos y de ello hemos deducido que son locuciones. Pero, ¿qué es un sintagma fijo? ¿En qué se diferencia de un sintagma libre? Empleando únicamente la prueba de la sustitución podemos identificar estas combinaciones. Pero con ello solo las metemos en un mismo saco y discriminamos lo que es locución de lo que no lo es. Así decimos que *vender tomates a Almudena* es libre y *vender el alma al diablo* es fija; que *darle un regalo a Mario con una nota* es libre y que *dársela con queso* es fija.

Vamos a profundizar un poco más en estas locuciones. Las examinaremos detenidamente e intentaremos identificar sus rasgos propios.

2.1. La fijación

Tomemos *dársela con queso*. Habíamos mencionado la imposibilidad que existe de variar el núcleo del sintagma nominal *(dársela con queso/*jamón/*pan/*vino)*. ¿Qué ocurre con el núcleo verbal? Aplicando la misma prueba, tampoco este puede sustituirse por otro: **tontársela/*comérsela/*cogérsela con queso*. La primera de ellas funcionaría en un contexto como "la pastilla que le diste a Begoña ha conseguido al final tomársela con queso", pero es evidente que esto es otra especie de sintagma, es decir, que el nuevo sintagma que hemos obtenido tiene otras propiedades. Estas alteraciones ponen ante nuestros ojos estructuras libres. Centrémonos ahora en la preposición que sirve de enlace a *queso*. Si suponemos que es un complemento circunstancial, las preposiciones que podrían introducirlo podrían ser, al menos *de, a, por* o *para,* pero son agramaticales o extrañas las estructuras *dársela de/a/por/para queso*. Además, la actualización de algunas de estas preposiciones exigiría la presencia necesaria de un complemento más, de un determinante: serían estructuras posibles *dársela por el queso* ("Jorge le ha dado una salchicha por el queso") o *dársela para el queso* ("Carmelo me dio una moneda para el queso"). De nuevo estamos ante algo que no es una locución, algo que nuestro sentido lingüístico nos conduce a poner en el saco de los sintagmas libres.

Hasta ahora sabemos que una locución como *dársela con queso* no admite la sustitución de su núcleo nominal ni de su núcleo verbal; no permite que el sustantivo sea determinado o que la preposición cambie; todas estas restricciones son pocas si se comparan con las del objeto directo *la*, que no tolera ser sustituido, modificado en parte ni suprimido. Recordemos también que resulta estéril intentar averiguar cuál es el complemento que se ha pronominalizado con *la*. Únicamente el objeto indirecto actúa con total libertad: *dársela con queso a Almudena/Yolanda/Luis*.

Ante tales dificultades, no es difícil entender por qué estas expresiones han sido calificadas como sintagmas anómalos, extraños, al margen de la sintaxis y sin derecho durante siglos a ser estudiados y analizados lingüísticamente. Pero como ante cualquier enfermedad grave, tan solo el estudio, el análisis y la observación pormenorizada ayuda a entenderlos y a luchar con o contra ella. De hecho, las locuciones y otras unidades fraseológicas invaden las lenguas, por lo que resulta difícil profundizar en su conocimiento sin enfrentarse a estas anomalías. Para comprenderlas mejor, para analizarlas y estudiarlas, es preciso concederles carácter lingüístico y otorgarles rasgos peculiares.

Supongamos que las anomalías que hallamos en *dársela con queso* no lo son, sino que constituyen sus rasgos propios. Entonces diremos que esta locución se caracteriza por la falta de sustitución de sus diversos formantes, por la imposibilidad de incluir alguno nuevo y por presentar un pronombre extraño. Todos ellos conforman su carta de naturaleza; la identifican como locución y le conceden un comportamiento unitario frente a otras formas lingüísticas.

Entre los ejemplos dados como locuciones al final de la *Introducción* encontramos algunos que se comportan de modo similar a *dársela con queso: cortar el bacalao, tomar las de Villadiego* y *salirle* [a alguien] *el tiro por la culata*. Las dos primeras están formadas por un verbo al que se ha unido un objeto directo; la última ha fijado su sujeto y cuenta con un complemento libre. En los tres casos reconocemos algunos de los rasgos antes mencionados: sus diversos componentes no se pueden sustituir y no se acepta la inclusión de uno nuevo. *Tomar las de Villadiego* además recoge un pronombre de objeto directo extraño, en este caso en plural, y *salirle* [a alguien] *el tiro por la culata,* un circunstancial fijo.

Fijémonos en una de ellas, *cortar el bacalao*. Ya hemos dicho que es imposible cambiar su sustantivo (**cortar el pescado/el mero/la carne*). Pero es que además este elemento nominal no permite ampliaciones de ningún tipo: no podemos añadirle un sufijo diminutivo al sustantivo (**cortar el bacaladito),* ni un adyacente (**cortar el bacalao salado*), pues esto supone deshacer el sintagma fijo. La combinación en su conjunto no admite determinadas transformaciones, como la pasiva (**el bacalao fue cortado por Isabel*) o la nominalización (**la cortadura del bacalao*). Solo acepta que el formante verbal sea sustuido por un sinónimo y solo por ese, *partir el bacalao*. Si aceptara cualquier otra modificación no preestablecida, dejaría de actuar en bloque y de ser una unidad compleja para transformarse en un sintagma libre.

Detengámonos ahora en el comportamiento de *tomar las de Villadiego*. Observemos el supuesto pronombre. Para el ojo examinador de la sintaxis, se trata de una anomalía. Para el ojo examinador de la fraseología, se trata de una anomalía que constituye un rasgo propio de ciertas unidades fraseológicas. Más aún, es un índice que la caracteriza como locución, que nos habla de la fosilización de estados sincrónicos anteriores, esto es, que constituye una huella de su consolidación. Por otra parte, el sustantivo *Villadiego* no lo encontraremos en el diccionario como entrada independiente y, si lo hacemos, aparecerá inevitablemente ligado a esta, pues es un elemento único, un nombre propio fosilizado en la locución.

Hemos descubierto que *tomar las de Villadiego* tiene dos componentes que no soportarían un análisis sintáctico propiamente dicho: un complemento anómalo *(las)* y un nombre propio que constituye un elemento único (*Villadiego*). Hay otras muchas expresiones con anomalías o con elementos únicos. También *a la buena de Dios* registra un elemento anómalo en femenino y un nombre propio; *a tontas y a locas* contiene formas fijadas en femenino plural; *a hurtadillas,* además de ese femenino extraño, ha fijado su núcleo nominal en forma diminutiva; *a pie juntillas* mantiene una falta de concordancia entre el supuesto núcleo y su adyacente. Sintagmas como *a troche y moche, a la topa tolondro, al alimón, a la virulé, el quid de la cuestión, dar en el busilis, pasar por las horcas caudinas* o *armar la de san Quintín,* contienen elementos únicos, de uso exclusivo para las unidades que pertenecen a la fraseología. Llamaremos a estos elementos *palabras diacríticas,* adoptando para ello la denominación de Zuluaga (1980: 102-103). Estos funcionan como verdaderos signos diacríticos: lo que permite distinguir formalmente *sé* de *se* es únicamente la tilde diacrítica; de igual forma, lo que facilita la distinción entre una locución y otros sintagmas es, en muchos casos, la presencia de estos elementos exclusivos.

Cortar el bacalao, dársela con queso o *tomar las de Villadiego* se diferencian de otros sintagmas libres, pero coinciden en la mayor parte de rasgos mencionados. Son, en consecuencia, sintagmas fijos y presentan *fijación*. Que un sintagma esté fijado significa que siempre se reproduce del mismo modo y que no admite grandes variaciones en su estructura. Y esto se cumple en los tres ejemplos.

En consecuencia, las locuciones son sintagmas fijos, ya que no permiten la modificación, la sustitución, la adición de complementos o cualquier otra alteración de la estructura. En ciertos casos, contienen además palabras diacríticas o anomalías estructurales que actúan como índices de su fijación.

2.2. La idiomaticidad

A nadie se le escapa que la única diferencia entre *cortar el bacalao* y *cortar el mero* no está únicamente en su comportamiento sintáctico. O que entre estos dos enunciados:

(1) a. Andrea corta el bacalao de manera muy limpia y rápida
 b. Andrea es la que corta el bacalao en esa relación,

la diferencia no es únicamente gramatical. Atendiendo a lo que sabemos hasta el momento, es el segundo ejemplo el que ha de identificarse como locución. En cambio, el primero es un sintagma libre, reflejo perfecto de la locución. No obstante, estos hermanos gemelos son idénticos exclusivamente en la forma (son homófonos: el primero, literal; el segundo, figurado), pero se diferencian en su funcionamiento y en su significado. En (1b) interpretamos que las palabras no significan aisladamente, es decir, que *cortar el bacalao* no significa en este contexto lo mismo que la suma de sus partes (cortar+el+bacalao), sino "mandar", "gobernar", o "ser el que de hecho manda o dispone en una colectividad o en un asunto" *(DRAE)*. Este sintagma es, además de fijo, idiomático: su significado no se deduce de la suma de sus partes tomadas por separado o en conjunto. Si intentáramos ver la conexión entre los significados de (1a) y de (1b) podríamos suponer que han sido varios los fenómenos que han facilitado el cambio. En primer lugar, (1b) solo se puede entender como una metáfora, en la que determinadas propiedades del sintagma libre se han trasvasado al fijo. La idea de cortar con cuidado una pieza de pescado, sabiendo lo que se hace, de ser el experto o el que manda sobre este hecho físico se ha aplicado a una situación más compleja, como, en este caso, una relación o, en sentido más amplio, un asunto o una colectividad[1]. En segundo lugar, de esta improvisada interpretación se deduce que la conexión entre el sintagma libre y el fijo no está rota, sino que el trasvase de informaciones compartidas sigue abierto y, por consiguiente, existe una cierta *motivación* del sintagma fijo. Esto quiere decir que la locución es parcialmente transparente. Si un extranjero tuviera que interpretarla sin conocer previamente su sentido, acudiría al contexto y, con toda probabilidad, construiría el nuevo significado atendiendo al que presenta el sintagma libre. Previsiblemente, acertaría en parte, aunque fallaría en ciertos rasgos que la locución ha desarrollado al margen de la expresión libre que le dio origen[2].

También la locución *salirle* [a alguien] *el tiro por la culata* es, además de fija, idiomática. Su significado se aleja del recto o transparente que presentaría un supuesto compañero literal, lo que no impide que siga existiendo una relación entre ambos. Adoptando el ejemplo del extranjero que por primera vez se enfrenta a ella, la interpretación pasaría por un proceso similar al que se pone en

---

[1] Al parecer esta locución tiene su origen en la autoridad y jerarquía que tenían ciertas personas de las clases populares, encargadas de distribuir el bacalao seco, uno de los alimentos fundamentales durante mucho tiempo, como lo documenta, por ejemplo, el *Diccionario práctico de locuciones* de Larousse (DPL).

[2] Algunos autores, como Geeraerts (1995), diferencian dos variables que son determinantes en la idiomaticidad de una combinación: el *isomoyismo*, o transparencia sintagmática, y la *motivación*, o transparencia paradigmática. Hoy en día se tiende a observar múltiples relaciones entre los sentidos literal y figurado de una locución y a concebir la idiomaticidad como un hecho dinámico; así lo manifiestan, por ejemplo, los diversos trabajos publicados en Fiala, Lafon y Piguet (eds.) (1997) o Martins-Baltar (ed.) (1997).

marcha para *cortar el bacalao*. También en el caso que ahora nos ocupa se observa que la metáfora ha actuado como proceso vertebrador de su idiomaticidad y que la expresión es motivada, pues no ha perdido la conexión con su sentido literal.

En otras locuciones se observan procedimientos diversos de formación. La metáfora está presente en *sacar de quicio, poner contra las cuerdas, poner los pelos de punta* o *meter un gol*. La metonimia, en *dar gato por liebre, no dar su brazo a torcer, no pinchar ni cortar* [en algo] o *echar una mano*. La hipérbole juega un papel destacado en *echar la casa por la ventana, atarle* [a alguien] *la lengua, ahogarse en un vaso de agua* o *coser(se) la boca*. No obstante, en muchos de estos ejemplos no podría sostenerse que el recurso de la metáfora o de la metonimia ha sido el único causante de su significación figurada, sino que han sido varios los procedimientos implicados en la formación del nuevo sentido. Por ejemplo, *echar una mano* emplea la metonimia, pues permite pasar de expresar una parte del cuerpo, la mano, a significar todo el cuerpo. Pero también juega su papel la metáfora, que facilita el cambio desde el dominio físico al conceptual. De forma gráfica y meramente ilustrativa, estas serían las variaciones producidas:

(2) echar una mano → echar el cuerpo entero → echar el cuerpo entero, que es físico → echar la persona íntegramente, que contiene cuerpo y mente → poner al servicio de alguien el cuerpo y la mente → ayudar

No resulta tan sencillo observar los procedimientos de formación de aquellas locuciones sin un hermano gemelo u homófono literal. En algunas de ellas la interpretación literal está vedada; en otras resulta del todo imposible. Así pues, *echar la casa por la ventana* o *ahogarse en un vaso de agua* podrían contar con un compañero literal, si bien sería algo bastante extraño. En cambio, *tomar las de Villadiego* ha roto todas las conexiones, posibles o extrañas, con su supuesto hermano gemelo. La interpretación literal es imposible y únicamente cabe imaginar un sentido figurado para este sintagma. La falta de un homófono literal aumenta las dificultades. Un hablante extranjero consideraría que la expresión es totalmente opaca y que ninguno de sus componentes abre una vía para analizar su sentido. Ya que es una expresión poco o nada motivada, su lectura idiomática es como un tesoro enterrado en una isla desierta. No hay caminos para llegar a él, o estos están llenos de escollos y de dificultades de interpretación. Como consecuencia, el sintagma fijo resulta altamente idiomático y poco o nada motivado. En el contexto:

(3) Elisa tomó las de Villadiego cuando terminó la fiesta

el sentido "marcharse" poco o nada tiene ver, en el momento actual de la lengua, con los componentes que cohesionan la locución. Claro está que un conocimiento cierto sobre su origen facilitaría las cosas. Pero a falta de estos datos, todo serían suposiciones: ¿*Las* se refiere a vías, sendas, casas, por las que antiguamente se llegaba hasta un lugar llamado Villadiego? ¿Es Villadiego un topónimo o un antropónimo?[3] En un análisis sincrónico basta con saber que el sintagma es idiomático y que está poco motivado.

Las locuciones *dársela con queso, cortar el bacalao* o *tomar las de Villadiego* son idiomáticas. No se interpretan atendiendo a una lectura transparente de sus partes, sino poniendo en marcha el significado figurado del sintagma.

2.3. Las relaciones entre fijación e idiomaticidad

Hemos llegado a la conclusión de que *dársela con queso* o *cortar el bacalao* son sintagmas fijos e idiomáticos. Fijos, porque sus componentes muestran una estabilidad que se refleja en las dificultades para variarlos, modificarlos, sustituirlos o suprimirlos. Idiomáticos, porque la interpretación que ha de hacerse del sintagma no se obtiene de la suma de sus partes, tomadas por separado o en conjunto. Pero, ¿qué fue primero, la fijación o la idiomaticidad? Si reflexionamos un poco más sobre los diversos comentarios que hemos ido haciendo en torno a *tomar las de Villadiego*, observamos que, aunque la presencia de una palabra diacrítica, *Villadiego*, y de una anomalía, *las*, se ha tratado como índice de su fijación, también repercute en su idiomaticidad. Para empezar, son estos índices los que impiden que tenga un homófono literal. Además, ya que hay inconvenientes sintácticos, también hay dificultades semánticas para establecer los referentes concretos a los que aluden. Como consecuencia, la lectura literal no funciona, mejor dicho, es imposible, por lo que se ha de procesar con sentido figurado.

Siguiendo esta argumentación, todo sintagma fijo con una palabra diacrítica o con una anomalía es idiomático, además de

---

[3] *Para el Diccionario práctico de locuciones* de Larousse (DPL), el formante *las* alude a las calzas que se fabricaban en la localidad burgalesa de Villadiego.

fijo. La fosilización de estos elementos se refleja en su sintaxis, pero también en su semantismo. Hemos examinado otras locuciones que no presentan estos indicios, como *cortar el bacalao* o *echar una mano*. Si extrapolamos la afirmación anterior, todo sintagma fijo es idiomático. Por lo tanto, estas dos estructuras son fijas e idiomáticas. También lo son *vender el alma al diablo* o *sacar de quicio*. Veamos qué ocurre con *no tener (más) remedio*, presente en el texto de Almudena Grandes:

> (4) Entonces la coyuntura económica mundial habrá cambiado, dirán, y será verdad, **no tendrá más remedio** que serlo

Lo cierto es que no es necesario acudir a una interpretación figurada para entender la locución, porque esta tiene un sentido transparente: la suma de sus partes da lugar al significado del conjunto. *No tener (más) remedio* es, por tanto, una locución fija pero no idiomática. En español hay también otras locuciones que son fijas pero no idiomáticas, como *hacerse el loco, tener claro* [algo] o *no valer la pena*. Otras locuciones muestran algún grado de idiomaticidad: *tomar las de Villadiego* es muy idiomática, mientras que *correr mundo, perder el tiempo, navegar contra (la) corriente* o *cerrar los ojos* son menos idiomáticas, pero mucho más motivadas; otras tienen una parte figurada y otra literal, como *vivir del cuento*.

Si hay un gran número de locuciones que son fijas pero no idiomáticas, cabría pensar que también debe de haber locuciones que son idiomáticas pero no fijas. Hemos encontrado algunos ejemplos de estos sintagmas en la prensa:

> (5) a. La escuela española **incuba un mal** que en países cercanos ya es una epidemia. El maestro empieza a sentirse desbordado como fuente de autoridad y de conocimiento frente a un alumno cada día más desafiante (*El País*, 5-11-2000).
> b. Era la mejor pnteba de que los etarras **habían orillado** definitivamente **la vía pacífica** (*ABC*, 29-11-99).
> c. La mayoría absoluta de un partido, sobre todo si **la oposición está desarbolada,** tiene el peligro de **engendrar** en el líder **una sed desmedida** de elogios más allá de los que proporcionan los innumerables palmeros profesionales (*El País*, 9-4-2000).

Incubar un mal, orillar la vía pacífica, estar desarbolada la oposición o *engendrar una sed desmedida* son sintagmas idiomáticos. En ellos solo cabe la interpretación figurada que la metáfora corrobora. Pero ninguno es un sintagma fijo. El primero puede pluralizar su complemento *(la escuela española incuba males que en países cercanos ya son una epidemia)*, variar su determinante *(la escuela española incuba el/ese/aquel mal)* o, incluso, sustituir su formante nominal por un sinónimo *(la escuela española incuba una enfermedad)*. El complemento del segundo puede pluralizarse *(orillar las vías pacíficas)*, modificar su determinante *(orillar una vía pacífica)*, añadir un adyacente *(orillar una posible vía pacífica)* o alterar su orden *(orillar la pacífica vía)*. El componente verbal es sustituible por ciertos sinónimos contextuales, como *apartar, aparcar* o *truncar*. En el tercero podríamos mantener la metáfora cambiando el verbo *desarbolar* por otro que mantuviera connotaciones similares, como *desproteger* o *trasquilar* ("la oposición está desprotegida/trasquilada") y, en lugar de *engendrar una sed desmedida* podría decirse que "la mayoría absoluta provoca una hambre atroz". Son, por lo tanto, sintagmas idiomáticos o figurados, pero no son fijos y, en consecuencia, no son locuciones. Para que se hable de locución debe haber fijación. Sólo si presenta además cierta suspensión de su significado literal, habrá idiomaticidad.

Ahora bien, no siempre el camino hacia la transformación en locución de un sintagma debe pasar primero por la fijación. El español actual registra numerosos sintagmas en vías de fijación que manifiestan algún grado de idiomaticidad: *ponerse medallas, echar un cable, comerle* [a alguien] *la cabeza/coco*. Parece previsible en estos casos que la idiomaticidad facilitará la consolidación del sintagma, es decir, que ambos procesos se complementarán, de modo que terminarán estableciéndose como locuciones. La historia de la lengua, por su parte, nos demuestra que lo que hoy se encuentra consolidado, petrificado, fijado, no lo ha estado siempre. Las locuciones *no obstante* y *sin embargo,* hoy establecidas como conjunciones, eran sintagmas prepositivos que exigían el enlace *de* y conservaban el significado originario de sus núcleos, en la actualidad perdido. Ciertos sintagmas, hoy locuciones de pleno derecho, no fueron siempre como las conocemos en la sincronía actual. Hemos encontrado un antepasado de la locución actual *sacar de quicio,* usada como sintagma libre con sentido metafórico en *El Discreto* de Baltasar Gracián (1646):

> (6) Son muchos los terreros de la risa y aquéllos, afectadamente, lo quieren ser, que por diferenciarse de los demás hombres siguen una extravagante singularidad y la observan en todo. Señor hay que pagaría el poder hablar por el colodrillo por no hablar con la boca como los demás, y ya que no es posible eso, transforman la voz, afectan el tonillo, inventan idiomas y usan graciosísimos bordones para ser de todas

maneras peregrinos. Sobre todo martirizan su gusto, **sacándolo de sus quicios**; él es común con los demás hombres, y aun con los brutos, y quiérenlo ellos desmentir con violencias de singularidad, que son más castigo de su afectación que elevaciones de su grandeza[1].

Al compararlo con la locución moderna, se observa un sentido figurado similar: el gusto intelectual se concibe como un hecho físico; esto permite aplicarle ciertas circunstancias que afectan a las bisagras cuando se las saca del lugar que les corresponde en una puerta, el quicio, como el haber sido extraídas de su lugar natural y la dificultad de volver a colocarlas sin problemas allí de nuevo; su reflejo en este contexto ayuda a entender que con esa forma de hablar "se exaspera el gusto". En cambio, este antepasado y la locución actual no se parecen en su fijación, ya que el sintagma libre presenta un determinante posesivo y el sustantivo en plural, circunstancias hoy impensables en la locución que se ha fosilizado con el sustantivo en singular y sin determinante.

En suma, toda locución es, en primer lugar, un sintagma fijo. En determinadas ocasiones, la fijación viene acompañada de idiomaticidad, de modo que ambas se complementan. El caso más representativo es el de las locuciones con anomalías o con alguna palabra diacrítica. En ellas se dan los dos fenómenos. En la lengua actual, pero también en épocas anteriores del español, se encuentran numerosos sintagmas que emplean una metáfora o cualquier otro recurso, esto es, que no tienen un significado recto. Ahora bien, solo se llamarán locuciones si hay algún indicio de fijación, ciertas dificultades sintácticas o de otro tipo, o cierta estabilidad.

Nótese que tan solo hablamos de locución, o de su hiperónimo, *unidad fraseológica*, cuando estamos ante la fijación de dos o más palabras. La lengua dispone de palabras que por sí mismas presentan algún grado de fijación, como se observa en los siguientes contextos:

(7) a. Ese chico es **medio** tonto
 b. Me gusta **cantidad**
 c. **Fijo** que me quedo con esa casa
 d. **¡Buenaas!** ¿Qué tal estáis?

Estas palabras se han establecido con funciones que no les eran propias y que han ido desarrollando con mayor o menor auge en

---

[1] El dato ha sido extraído del Corpus Diacrónico de Referencia del Español (CORDE). Muchos de los ejemplos contextualizados que se usarán proceden de este corpus o del CREA (Corpus de Referencia del Español Actual), ambos editados por la Real Academia Española, y a los que se accede por medio de su página web (http:www.rae.es).

la lengua. De igual modo, puede hablarse de fijación en casos de lexicalización como *pañuelo, rubiales, cabezón,* donde las partes han pasado a considerarse una sola cosa.

Asimismo, la idiomaticidad está presente en otras unidades, como en ciertos compuestos *(correveidile, aguafiestas, comecocos, varapalo),* en usos trasladados de verbos *(tragar, aguantar, soportar, bregar),* de adjetivos funcionales (color *salmón,* azul *cielo,* verde *botella),* etc.

Ahora bien, cuando nos referimos a las locuciones damos por sentado que son sintagmas fijos que en ciertos casos presentan idiomaticidad. El resto de fenómenos aquí reseñados no constituyen nuestro objeto de estudio, pues no son locuciones.

Capítulo 3

EL ESPACIO DE LAS LOCUCIONES Y LAS ZONAS LIMÍTROFES

Como todo fenómeno de la lengua, las locuciones no se encuentran encerradas en una urna de cristal, aisladas del resto de recursos lingüísticos. Aun comportándose en bloque como una unidad, actúan en el discurso y se acomodan a él; alteran el orden de sus elementos, permiten pequeñas modificaciones o, si son verbales, varían el tiempo, el aspecto o el modo, sin perder por ello su idiosincrasia. Asimismo, se relacionan en la lengua con otras unidades con las que comparten ciertos rasgos. Se acercan a los sintagmas libres de sentido figurado por su idiomaticidad y se aproximan a otras combinaciones de carácter sintagmático por su estabilidad y frecuencia de uso. En este capítulo nos centraremos en algunas de las relaciones que tienen con las metáforas, las unidades sintagmáticas y las colocaciones, y delimitaremos para las locuciones un espacio propio.

3.1. Locución y metáfora

Hemos ido mencionando algunos ejemplos de sintagmas metafóricos, diferentes de las locuciones, como *incubar un mal, orillar la vía pacífica* o *engendrar una sed desmedida*. Ahora llega el momento de profundizar más en ellos. En las lenguas se crean metáforas todos los días. Con ellas conseguimos comprender un poco mejor la realidad, acercando hechos abstractos a nuestra experiencia perceptual, simplificando nociones complejas por medio de sensaciones físicas o explicando los hechos difíciles con la imagen que tenemos de nuestro propio cuerpo. Pero todas no son iguales en la lengua: algunas son más creativas o poéticas; en determinadas ocasiones, la metáfora presenta un cierto grado de consolidación y se usa con frecuencia en diversos tipos de textos; otras veces, la metáfora está tan lexicalizada que no se reconoce a simple vista su proceso de formación. Así pues, se diferencian al menos metáforas creativas o personales, semilexicalizadas y lexicalizadas[5].

Las metáforas creativas abundan en la literatura, pero también en otras manifestaciones artísticas, como las canciones populares, o más cotidianas, como la conversación espontánea. Según Lakoff y Johnson (1991), las metáforas literarias tienen, a pesar de la libertad del acto de creación, una base racional en la que se apoya la construcción de todas las metáforas en general. Se encuentran frecuentemente en la poesía, como se ilustra a continuación:

(1) a. Y cuando llegue el día del último viaje,
y esté al partir la nave que nunca ha de tornar,
me encontraréis a bordo ligero de equipaje,
casi desnudo, como los hijos de la mar (Antonio Machado).
b. El mar de olas de zinc y espumas
de cal, nos sitia
con su inmensa desolación (Juan Ramón Jiménez).
c. La palabra la palabra la palabra qué torpe vientre hinchado (Vicente Aleixandre).

En (1a), la metáfora "la muerte es un viaje" estructura toda la descripción que lleva a cabo el poeta. Esta misma identificación se encuentra también en el lenguaje corriente, donde afirmamos que, al morir, nos marchamos de aquí o nos vamos a otro mundo. En (1b), la metáfora permite identificar el mar con materiales como el zinc o la cal: las olas son de zinc y las espumas de cal. Para lograrlo, se resaltan aquellas propiedades que los aproximan o que ambos comparten, como el color azulado brillante y la blandura del zinc o la blancura de la cal. La metáfora surrealista de Aleixandre se somete peor a una explicación tan sencilla, si bien se da por supuesto que la palabra y el vientre han de coincidir en ciertos rasgos, inherentes o connotativos, por medio de los cuales se construye este verso.

En las canciones actuales las metáforas libres también afloran con fuerza:

(2) a. Papá, cuéntame otra vez que tras tanta barricada y tras tanto puño en alto y tanta sangre derramada al final de la partida no pudisteis hacer nada y tras los adoquines no había arena de playa (Ismael Serrano).

---

[5] Como propone Chamizo (1998), entre otros.

b. Y paseé por mi mente y encontré aquel rincón donde guardo los momentos que no olvidé (La oreja de Van Gogh).
c. Solo tú doblas mi razón, y por eso es tuyo mi corazón (Shakira).

En (2a), la lucha por la libertad, llevada a cabo en mayo del 68, es una partida de cartas. En (2b), la mente se conceptualiza como un espacio físico por el que se pasea y se encuentra un rincón donde se guardan los recuerdos. El verbo *doblar* en (2c) adquiere un sentido trasladado, pues no se dobla algo físico, sino conceptual como la razón. Ello se logra trasvasando ciertos rasgos del dominio físico al de las ideas, por ejemplo, las cualidades de maleabilidad o fragilidad.

En la conversación coloquial, los hablantes emplean a menudo metáforas libres o semilexicalizadas, como:

(3) a. Se ha hecho un moro (B.70).
b. Ése era un cerdo (H.38.A.1).
c. Yo no hago más que rumiar eso (LC.63).
d. Él me puede enchufar en la bolsa de trabajo (B.70).
(Ejemplos extraídos de Sanmartín, 2000).

La atribución de ciertas propiedades o valores de los moros, de los cerdos, de los animales que rumian o de los enchufes a algunas personas permite llevar a buen término las metáforas. De este modo, en (3a), A se ha hecho un moro porque exhibe ciertos rasgos que se asocian a este grupo de personas, como el ser celoso. Si B es un cerdo es porque carece de modales o higiene como estos. La persona que rumia no para de darle vueltas a algo que, en este contexto, no es el bolo digestivo, sino una idea o problema. Si a D lo pueden enchufar en la bolsa de trabajo, no es por disponer de una conexión eléctrica especial en su casa, sino por tener influencias que actúan a modo de conexión o enchufe para los objetivos que persigue (Sanmartín, 2000).

La poesía, las canciones o la conversación coloquial ilustran el empleo de metáforas. No obstante, solo son de interés en este momento aquellas que se han lexicalizado, que se han establecido por el uso, esto es, en las que no solo se presenta un sentido figurado o idiomático, garantizado en todos los ejemplos, sino también una fijación de sus partes. *Llegará el día del último viaje, el mar de olas de zinc y espumas de cal nos sitia, tú doblas mi razón, Martina rumia un asunto* o *Miguel me puede enchufar* no son sintagmas fijos y, por lo tanto, no son locuciones. En cambio, las estructuras *ser un moro* o *ser un cerdo* presentan cierto grado de consolidación. No son tan fijas y estables como otros sintagmas también metafóricos, pero se han de considerar locuciones por la estrecha unión que el atributo, de sentido idiomático, manifiesta con la cópula; prueba de ello es la imposibilidad de combinarlo con otro verbo diferente de *ser*. Otras metáforas como *ser un lince, ser un zorro, ser la repanocha, echar un cable, refrescar la memoria, poner los pelos de punta, tener* [algo] *en la punta de la lengua, rascarse la barriga, doblar el espinazo, llevar los pantalones, morirse de (la) risa, no tener vela en este entierro* o *no tener donde caerse muerto,* son asimismo locuciones.

3.2. Locución y unidad sintagmática

Tomemos diversas estructuras verbales con algún formante en común, como por ejemplo el núcleo verbal. Con *poner* podemos construir sintagmas como *poner las cosas en el armario, poner la mesa, poner en conocimiento, poner en entredicho, poner peros*. Con *tomar, tomar un té, tomar nota, tomar el pelo, tomar las de Villadiego*. Con *hacer, hacer las camas, hacer una fotografía, hacer uso, hacer el tonto, hacer aguas, hacer la vista gorda. Poner las cosas en el armario* es una estructura libre, pues todos sus componentes podrían variarse, modificarse o cambiar su orden y sería aceptable, por ejemplo: *Todas las cosas que me diste para guardar ya las he puesto en el armario*. No ocurre así con *poner la mesa*. Se puede pluralizar *(poner las mesas),* pero no se admite la introducción de un artículo indefinido: *poner una mesa* significa "colocar una mesa en determinado lugar". La dificultad mayor se encuentra en el verbo, que no permite su conmutación por un sinónimo. *Poner en conocimiento* o *poner en entredicho* presentan constricciones similares. Más aún, todo el sintagma sería sustituible por un único verbo, al menos en el primer caso: *poner en conocimiento=conocer,* aunque en detrimento de ciertos rasgos. Si el contexto original fuera *el gobierno puso en conocimiento de los sindicatos las nuevas subidas salariales,* la sustitución supondría una estructura como *los sindicatos conocieron de manos del gobierno las nuevas subidas salariales*. En cuanto a *poner en entredicho,* sería difícil encontrarle un sustituto en la norma lingüística. Por su parte, *poner peros* forma un sintagma que no admite, por lo general, variaciones, supresiones o modificaciones y que tiene un significado idiomático. Este último ejemplo constituye, de acuerdo con lo expuesto hasta aquí, una locución. A primera vista, existe una diferencia con el resto de ejemplos con *poner*: aquellos no son idiomáticos; su significado es recto o bastante transparente. Pero existe una coincidencia: a excepción del primer sintagma *(poner las cosas en el armario)*, el resto muestra algún grado de fijación. El caso más extremo o más fijado es el de *poner peros,* aunque los otros también lo están de algún modo.

Si una locución es un sintagma fijo, cabría tratar como locuciones a estas estructuras. Ahora bien, la mayor parte de ellas muestran una gran regularidad. Si *poner peros* es un fósil de la lengua, *poner la mesa, poner en conocimiento* o *poner en entredicho* son construcciones frecuentes de la lengua. Son regulares y continúan empleándose como procedimientos de formación. A *poner en* podríamos añadirle también *tratamiento, observación, duda, escena, circulación, práctica,* etc. De esta manera componemos un sintagma estable que conforma una sola cosa. El nombre que reciben es el de *unidad sintagmática*. El término, que traducía el usado por Guilbert (1975), fue acuñado en español por Martín Mingorance (1983). El precedente del concepto se encuentra en el de *sinapsia* de Emile Benveniste, si bien otros estructuralistas han propuesto denominaciones con una acotación similar, como el de *sintema* de André Martinet o el de *lexía* (simple, compuesta, compleja o textual) de Bernard Pottier. En esencia, una unidad sintagmática es un compuesto con estructura de sintagma. Constituye, por tanto, una formación regular de la lengua que se fija y se establece en ella como una unidad léxica compuesta, pero que, a diferencia de las yuxtapuestas o prototípicas, no funciona como una palabra a todos los efectos (unidad gráfica, acentual, sintáctica, etc.), sino como una combinación de palabras que se enlazan por adición o gracias a una preposición.

Por consiguiente, las formaciones *poner en conocimiento, poner en entredicho, tomar nota, hacer una fotografía* o *hacer uso,* junto a otras como *estar en contacto, estar en observación, estar en tratamiento, estar de acuerdo, poner a prueba, poner en práctica, dar por supuesto, dar paso, tener en cuenta, tener acceso, tener conocimiento, hacer un comentario, hacer una recomendación, hacer mención, hacer público, hacer referencia, tomar nota, tomar parte, tomar conciencia,* etc., constituyen unidades sintagmáticas de carácter verbal. Son compuestos, formaciones regulares, en las que el componente verbal se fija casi exclusivamente como contenedor de los morfemas flexivos y la parte nominal soporta el valor léxico de la unidad[6]. Todos ellos no muestran el mismo grado de consolidación. En general, las formaciones sin determinante están mucho más consolidadas y cohesionadas. Muchas de ellas podrían conmutarse por un verbo de la misma familia léxica que el sustantivo: *tomar nota-anotar, hacer uso-usar; tomar parte-participar.* No obstante, esto supondría la pérdida de determinados valores (aspectuales, de valencia, estilísticos, etc.) que se encuentran en la unidad sintagmática. No es lo mismo *poner a prueba* que *estar a prueba* o *probar.* El primero indica el inicio de la acción, mientras que el segundo la observa como algo durativo. En cuanto a la valencia, estas unidades fijan uno de los complementos que actuaba de forma libre con el verbo que los rige, de modo que pierden un actante: *hacer un comentario* ha perdido el objeto directo frente a su equivalente *comentar.* Otros exigen un suplemento, ausente en el lexema simple: *hacer uso de* [alguien, algo] /*usar, tomar nota de [algo]/ anotar.* Estos compuestos resultan muy rentables en las lenguas especializadas y en la prensa. Veamos un ejemplo de un texto periodístico, donde aparecen *poner en práctica* y *formar parte:*

> (4) "Big Brother" –Gran Hermano– no hizo más que **poner en práctica** la fantasiosa idea que supuso "El Show de Truman". En esta película, el protagonista, Jim Carrey, vivía desde su niñez en un inmenso plató de televisión desde donde miles de cámaras grababan todos sus actos. La salvedad es que en la película el protagonista no era consciente de **formar parte** de un show y en "Gran Hermano" los "actores" han firmado un documento en que venden sus derechos de imagen *(Clara,* Junio 2000).

En (4), la sustitución de ambas unidades sintagmáticas supondría la pérdida de valores aspectuales como el de inicio de la acción en el primer caso ("no hizo más que **practicar** la fantasiosa idea") o de cambios en la estructura actancial, como en el segundo ("no era consciente de **participar en** un show"). Además, el significado del sintagma y de la unidad léxica simple equivalente no sería el mismo en estos contextos.

No solo existen compuestos sintagmáticos verbales. Los nominales son muy abundantes, sobre todo en el español técnico, pues designan nuevos referentes o conceptos. En el español de los negocios encontramos *sectores de producción, fondo de inversión,* el

---

[6] Estos sintagmas reciben en francés el nombre de *constructions à verbe support* y en alemán el de *Funktionsverbgefüge,* entre otros.

neologismo *opciones de compra*, con sus elementos unidos por medio de una preposición, o *valor añadido, transferencia bancaria, sociedad anónima, interés fijo/variable*, donde uno de los componentes es adyacente del otro. En la lengua general se crean compuestos a partir de una misma base como *agua (de colonia, de nieve, dulce, mineral)* o *papel (de seda, de fumar, de aluminio, vegetal, continuo, higiénico, secante)*. No todos presentan el mismo grado de convencionalización, pues algunos, como *opciones de compra, activo financiero* o *sujeto pasivo* se están estableciendo en estos momentos con un sentido propio en determinadas parcelas técnicas del español. Por ello, no es extraño observar ciertas tendencias de combinación, poco estables o fijadas, que podrían llevar a consolidar el sintagma como compuesto más adelante. Así se observa en el siguiente artículo periodístico, donde se emplea tanto la forma *opciones de compra* como *opciones sobre acciones*:

> (5) Una operación de "stocks options" funciona de un modo similar a las **opciones sobre acciones** negociadas en un mercado organizado. Veamos el caso de Telefónica: la compañía emplea 2.700 millones de pesetas (a efectos contables, un coste "salarial" más) en adquirir **opciones de compra** de sus propios títulos a dos bancos (BBV y Argentaria) *(Inversión*, n° 326, 14-4-2000).

Esta fluctuación se debe también a la dificultad de acotar el término, como se ve en la definición que se ofrece del recurso bolsístico:

> (6) Las "Stock Options" son **opciones de compra de acciones**. Pero su denominación anglosajona está de moda porque se refiere a unas opciones concretas: las que se ofrecen a los ejecutivos de una empresa cotizada para que compren, en un plazo determinado, títulos de su propia compañía *(Inversión*, n° 326, 14-4-2000).

Las unidades sintagmáticas son un tipo de compuestos. Constituyen procedimientos de creación regulares. Se diferencian de las unidades léxicas simples por su complejidad y de los compuestos yuxtapuestos por su carácter sintáctico. Constituyen una unidad de sentido, en la que se establece entre los dos miembros una relación de identidad *(vagón restaurante, vale descuento)*, de adición *(merienda cena, reloj despertador)* o de especificación *(cena fría, hora punta)*, única posible en los compuestos preposicionales *(televisión por cable, trabajo a domicilio)* (Almela, 1999)[7].

---

[7] En este trabajo se describen los rasgos de los compuestos sintagmáticos y preposicionales, por ejemplo, la carencia de unidad acentual frente a los yuxtapuestos, las difi-

3.3. Locución y colocación

Otros sintagmas, como *poner la mesa* o *hacer las camas,* tienen también una estructura y un comportamiento bastante regulares. Se aproximan a las locuciones, pero no alcanzan el nivel de *poner peros* o *hacer la vista gorda.* Parecen construcciones usuales, habituales. También se da este fenómeno en determinadas estructuras como *calar hondo, librar batalla* o *guiñar un ojo.* En tales casos se habla de *colocación.* Estas combinaciones son producto de la norma lingüística y en ellas se muestra una preferencia de aparición de unos elementos con otros. Esa preferencia puede ser muy estricta o algo más amplia; en el primer caso, uno de los elementos se combina únicamente con otro elemento de la lengua, siendo casi imposibles otras coapariciones. Es lo que ocurre con *error garrafal, ignorancia supina* o *fruncir el ceño,* donde *garrafal, supina* y *ceño* muestran una tendencia a colocarse casi exclusivamente con los elementos con los que aparecen en estos sintagmas. En el segundo, la preferencia es mucho más amplia y existen al menos dos opciones de combinación: *error craso/tremendo, llegar/adoptar/alcanzar un acuerdo.* En ciertas colocaciones, como *zanjar una discusión, mayoría aplastante* o *inflación galopante,* interviene una metáfora en su formación, a menudo semilexicalizada, mucho menos estable que las metáforas fijas que dan como resultado una locución.

Hay colocaciones de diversos tipos: verbales, nominales, adjetivales, clausales. Corpas (1996) lleva a cabo una exposición muy útil de las mismas, diferenciándolas según su estructura:

- Sustantivo (sujeto)+verbo: *declararse un incendio/polémica/epidemia, tostar el sol.*
- Verbo+sustantivo (objeto): *desempeñar un cargo/función/papel, zanjar un desacuerdo/polémica/discusión.*
- Adjetivo+sustantivo: la mayor parte de adjetivos de una lengua se colocan preferiblemente con ciertos sustantivos: *fuente fidedigna, enemigo acérrimo, error garrafal, momento crucial.*
- Sustantivo+preposición+sustantivo: *banco de peces, pastilla de jabón, tableta de chocolate.*
- Verbo+adverbio: *rogar encarecidamente, prohibir terminantemente.*

---

cultades de adición de mortemas flexivos como el número, o derivativos, como la sufijación, o la posibilidad de que todo el conjunto, y no únicamente una de las partes, reciba una expansión (Almela, 1999: 150-154).

– Adjetivo+adverbio: *profundamente dormido, firmemente convencido*.

Las colocaciones son unidades fraseológicas de pleno derecho. Son sintagmas usuales y estables, aunque menos consolidados que las locuciones. Conforman, a juicio de Corpas, una de las tres esferas fraseológicas, quedando las otras ocupadas por las locuciones y por los enunciados fraseológicos.

3.4. El espacio de las locuciones

Así pues, el saco de las locuciones se halla rodeado de otras unidades: las metáforas libres, los compuestos sintagmáticos y las colocaciones. Todas ellas tienen un rasgo en común: son sintagmas. Algunas locuciones coinciden con las metáforas libres en que su significado es figurado o idiomático. Los compuestos sintagmáticos y las locuciones son sintagmas estables que se diferencian por la falta de regularidad de los segundos. Las colocaciones constituyen preferencias estilísticas en las lenguas de carácter más o menos regular, pero mucho menos estables y fijas que las locuciones. En conclusión, las locuciones son los sintagmas más estables del español.

Esta afirmación, en exceso apresurada, ha de matizarse. Ya vimos que algunas de las locuciones examinadas eran más fijas que otras y que también la propiedad de la idiomaticidad podía ser cuestión de grado. Si hay locuciones más fijas y/o más idiomáticas que otras, los diversos grupos que se diferencien no podrán registrarse en cajas cerradas sin relación las unas con las otras, sino que, al contrario, cabrá contemplar una gradación entre ellas. De igual modo, si ciertos sintagmas como algunas colocaciones o determinados compuestos pueden evolucionar hasta locuciones, habríamos de propugnar una interconexión entre estos y aquellos. Lo que hasta ahora hemos metido en un saco, conformará una cadena, un *continuum* de unidades, donde unas serán más locuciones que otras, pero donde, en cualquier caso, todo será una cuestión de grado. Los trabajos más recientes sobre fraseología se muestran a favor de encuadrar las unidades fraseológicas bajo esta perspectiva: la idiomaticidad, propiedad que engloba rasgos como la metáfora, la metonimia, la motivación o la no composicionalidad, puede presentarse en diversos grados según los sintagmas. Asimismo, es una propiedad transversal, que no es exclusiva de las unidades fraseológicas, ya que ciertos lexemas compuestos, por ejemplo, la presentan. La fijación es igualmente graduable. Como vimos, *cortar el bacalao* no admite la nominalización *(*la cortadura del bacalao)*, pero la locución *tomar el pelo* permite esta prueba sin problemas *(eso es una tomadura de pelo)*. Al observar las locuciones desde el punto de vista paradigmático, se detecta que muchas de ellas tienen variantes, como *partir/ cortar el bacalao, morirse/ mearse/ deste[o]rnillarse/ mondarse/ descuajaringarse/ troncharse/ descoyuntarse/ partirse de risa, dar la lata/ tostón/ tostonazo/ murga/ tabarra/ coñazo/ paliza/ vara/ matraca*, etc., o *no importar un pimiento/ bledo/ comino/ pepino/ rábano/ huevo/ pito*, etc., variantes que, sin embargo, no son libres, sino que están predeterminadas por el uso[8]. La respuesta afirmativa o negativa a pruebas como estas dará como resultado un determinado nivel de fijación para una locución.

En consecuencia, el espacio de las locuciones vendrá determinado por la fijación y la idiomaticidad y conformará una zona fluctuante entre los sintagmas libres y otros sintagmas, también estables, como los compuestos sintagmáticos y las colocaciones. Cuanto más fijo e idiomático sea un sintagma, más locución será. Cuanto menos presentes estén estas propiedades, más se acercará a otras formas como los compuestos o las colocaciones.

Nos queda por deslindar este espacio que, aunque difuso, puede organizarse de diversas maneras. En el siguiente capítulo veremos dos posibilidades de clasificación y en el capítulo 5 analizaremos estos sintagmas fijos desde diferentes puntos de vista.

---

[8] No entramos a discutir cuándo dos formas similares constituyen variantes en sentido estricto o simplemente variaciones. Sobre este tema y la descripción de sus tipos en español tratan, entre otros, García-Page (1996a), del que se han extraído los ejemplos mencionados, Zuluaga (1980), Carneado (1985), Corpas (1996) o Penadés (2000).

Capítulo 4

PROPUESTAS DE CLASIFICACIÓN

Las locuciones españolas se dividen de acuerdo con los criterios que dominan en las clasificaciones de otras unidades lingüísticas. Cuando se estudian las clases de palabras, como el sustantivo o el adverbio, se atiende principalmente a su forma, a su función y a su significación. También estos criterios son útiles para los sintagmas fijos, aunque, dada su idiosincrasia, hay que tener en cuenta algunos aspectos. Si se hace referencia a sus rasgos internos, se deberá aludir a la influencia de la fijación y la idiomaticidad sobre ellos. De igual manera, conviene llevar a cabo una clasificación categorial o funcional. Además, puede practicarse una segmentación formal que refleje los componentes de la locución y que permita subdividir los diversos tipos de locuciones, o una diferenciación que tenga en cuenta sus rasgos diatópicos, diastráticos, diafásicos, estilísticos o pragmáticos. No obstante, solo se plantea aquí una clasificación interna y categorial, pues el resto de aspectos se tratarán en el capítulo 5.

4.1. Clasificación de acuerdo con sus rasgos internos

Recogemos dos opciones de clasificación de acuerdo con sus rasgos internos diferentes: la que tiene en cuenta la motivación de las unidades y la que permite estructurarlas de acuerdo con la fijación y la idiomaticidad. Estas clasificaciones se aplican a todos los tipos de unidades fraseológicas, aunque únicamente se observará su influencia sobre las locuciones. Las propuestas que se describirán son las de Tristá (1976-77), Zuluaga (1980) y Ruiz Gurillo (1997a).

A menudo, en las clasificaciones practicadas en español, se asumen ideas o propuestas de otros autores. Uno de los fraseológos soviéticos más representativos, V. V. Vinogradov, propuso una clasificación que se ha aplicado al ruso, al francés, al inglés y al alemán. Su precedente más directo es Charles Bally y algunos de sus continuadores en otras lenguas, H. Thun, A. V. Isachenko o K. D. Pilz. Tristá (1976-77) la aplica al español, teniendo en cuenta las críticas que le hizo N. M. San'skij. Esta propuesta, que atiende al grado de motivación y fosilización de las unidades, permite diferenciar los siguientes grupos de combinaciones:

- *Adherencias fraseológicas,* de escasa motivación y bastante fosilizadas, como *a pie juntillas.*
- *Unidades fraseológicas,* grupo constituido por combinaciones que manifiestan una motivación mayor, como *pasar las de Caín.*
- *Combinaciones fraseológicas,* con cierto grado de regularidad, como *hacer el paripé.*
- A estos se añade un cuarto grupo propuesto por San'skij, el de las *expresiones fraseológicas,* y que incluiría unidades "que no sólo son semánticamente indivisibles sino que están constituidas en su totalidad por palabras con significados libres. Se diferencian de las combinaciones libres por su capacidad de ser reproducidas como unidades hechas en el proceso de comunicación: *centro docente superior* (Tristá, 1976-77: 158).

Ahora bien, la división de V. V. Vinogradov, basada en el carácter motivado o no motivado que poseen los fraseologismos, repercute en la dificultad de asignar unidades concretas a cada una de las clases. Para suplir este inconveniente, habría que recurrir, según Tristá (1983: 71), a análisis histórico-etimológicos que determinaran el grado de motivación de cada combinación.

La clasificación de Zuluaga (1980:135-138) tiene igualmente en cuenta la estructuración interna de las expresiones, si bien no solo se apoya en su motivación, sino en especial en su fijación y en su idiomaticidad. En ella se diferencian las expresiones libres de aquellas otras que son fijas o idiomáticas en algún grado y se presupone que las idiomáticas siempre han de ser, en primer lugar, fijas:

- Expresiones no fijas o libres: *bailar y cantar.*
- Fijas. Construcciones meramente fijas que no presentan ningún grado de idiomaticidad: *dime con quién andas y te diré quién eres.*

- Semiidiomáticas. Expresiones fijas cuyo significado no es literal, pero tampoco inmotivado. Se sirven de una imagen semántica que es la que soporta el significado de la expresión: *un lobo con piel de oveja*.
- Idiomáticas. Expresiones fijas en las que al menos uno de los componentes no funciona como signo independiente, sino como parte de un signo total: *tirios y troyanos, Alma Mater*. Dentro de las expresiones fijas idiomáticas se distinguen varios grupos:

    a) Mixtas. Expresiones fijas compuestas de una parte exclusivamente fija y otra idiomática: *terco como una mula* ("muy terco").
    b) Idiomáticas con elementos únicos. Se incluyen en este grupo todas las expresiones fijas que cuentan con elementos arcaicos *(a la topa tolondro)*, con elementos procedentes de otras lenguas históricas *(dar en el quid)* o de otras lenguas funcionales *(tener sus bemoles)*, o con creaciones únicas en la lengua, surgidas por medio de juegos fónicos *(mondo y lirondo)*.
    c) Idiomáticas con anomalías estructurales. Son expresiones que presentan concordancia irregular de masculino con femenino *(a ojos vistas)*, orden de palabras anómalo *(de armas tomar)*, pronombre sin referencia a un nombre concreto *(hacer de las suyas)*, etc.
    d) Idiomáticas con elementos metalingüísticos o autodesignativos. En este grupo se hallan unidades como *meter las cuatro*, que alude a las cuatro letras de *pata*.
    e) Idiomáticas con estructura regular. Son construcciones con una homófona libre de sentido literal. Su funcionamiento idiomático o literal depende del contexto. Así por ejemplo, *tomar el pelo* significa en su interpretación idiomática "burlarse de alguien".

En un trabajo anterior (Ruiz Gurillo, 1997a) llevamos a cabo una clasificación en centro y periferia de las unidades fraseológicas equivalentes al sintagma. Para ello empleamos las propiedades de la fijación y la idiomaticidad y observamos su grado en secuencias con la misma estructura formal, lo que nos permitió obtener una caracterización de los sintagmas nominales, verbales y prepositivos fijos del español. El núcleo en los tres casos está formado por las locuciones totalmente fijas e idiomáticas con alguna palabra diacrítica y/o alguna anomalía estructural. A continuación se disponen gradualmente el resto de combinaciones, con índices variables de fijación e idiomaticidad. Las combinaciones más periféricas muestran mayor regularidad, menor índice de fijación y nula o escasa idiomaticidad. Reflejamos los resultados allí obtenidos con algunos pequeños cambios:

Para los sintagmas nominales fraseológicos:
- Locuciones totalmente fijas e idiomáticas con palabras diacríticas y/o anomalías estructurales: *agua de borrajas*.
- Locuciones idiomáticas en diversos grados: *caballo de batalla*.
- Locuciones mixtas: *dinero negro*.
- Colocaciones: *momento crucial*.
- Compuestos sintagmáticos o preposicionales: *reloj despertador, agua de colonia*.

Para los sintagmas verbales fraseológicos:
- Locuciones con palabras diacríticas y/o anomalías estructurales con un grado alto de fijación e idiomaticidad: *tomar las de Villadiego*.
- Locuciones totalmente fijas e idiomáticas: *dorar la píldora*.
- Locuciones semiidiomáticas: *echar raíces*.
- Locuciones escasamente idiomáticas: *perder el tiempo*.
- Locuciones mixtas: *vivir del cuento*.
- Locuciones meramente fijas: *correr mundo*.
- Locuciones con variantes: *no importar un pimiento/un bledo/ un pito*.
- Colocaciones: *guiñar un ojo*.
- Unidades sintagmáticas verbales: *hacer uso, tomar un baño*.

Para los sintagmas prepositivos fraseológicos:
- Locuciones totalmente fijas e idiomáticas con palabras diacríticas y/o anomalías estructurales: *a la virulé*.
- Locuciones totalmente fijas e idiomáticas: *a menudo*.
- Locuciones parcialmente fijas e idiomáticas, en diversos grados: *a mano*.
- Locuciones meramente fijas: *en público*.
- Locuciones con variantes: *de (muy) buen grado*.
- Locuciones con casillas vacías: *a mi (tu, su, etc.) juicio*.
- Creaciones locucionales analógicas: *a gritos, a golpes*.
- Esquemas fraseológicos: *cara a cara*.

4.2. Clasificación categorial

Atiende a la naturaleza de las locuciones y a su comportamiento sintáctico. Se ha mencionado que existen compuestos de diferentes tipos, principalmente nominales y verbales. También se han reseñado diversos grupos de colocaciones que se clasificarían en nominales, verbales o adverbiales, por ejemplo. Si bien hasta el momento se han analizado casi exclusivamente locuciones verbales, cabe suponer que existirán en la lengua más clases, de igual modo que existen sustantivos, adjetivos o adverbios. En concreto, el español registra distintos grupos de locuciones según su categoría: las nominales, las adjetivales, las verbales o las adverbiales constituirán lexemas plenos, mientras que las prepositivas o las conjuntivas conformarán unidades gramaticales. Si el sintagma está formado al menos por un componente que actúa como sujeto y por otro que lo hace como verbo, estaremos ante una estructura clausal. Es sintomático que las gramáticas las incluyan en las clases de palabras a las que son equivalentes: las nominales, en el sustantivo; las verbales, en el verbo, aunque las que más atención han recibido desde siempre son las locuciones adverbiales, las conjuntivas y las prepositivas. Las propuestas de Casares (1950)[9], Zuluaga (1980) y Corpas (1996) contribuirán a deslindar los diferentes tipos.

Julio Casares en su *Introducción a la lexicografía moderna* (1950) dedica seis capítulos al diverso material idiomático del español. Sus ideas influyeron decisivamente en Vinogradov, que ya en 1958 disponía de una traducción al ruso del manual y, por consiguiente, de modo indirecto sobre la evolución posterior de la fraseología. El lexicógrafo intenta clasificar y poner un poco de orden en los grupos de unidades fraseológicas. Para las locuciones propone la siguiente clasificación (pág. 183):

1. *Locuciones significantes:*
   Nominales
   1. Denominativas:
   – Geminadas: *tren botijo.*
   – Complejas: *tocino de cielo.*
   2. Singulares: *la carabina de Ambrosio.*
   3. Infinitivas: *coser y cantar.*

---
[9] Esta obra ha sido reimpresa en 1969 y 1992.

Adjetivales: *de brocha gorda.*
Verbales: *tomar el olivo.*
Participiales: *hecho un brazo de mar.*
Adverbiales: *en un santiamén.*
Pronominales: *cada quisque.*
Exclamativas: *¡Ancha es Castilla!*

2. LOCUCIONES CONEXIVAS:
Conjuntivas: *con tal que.*
Prepositivas: *en pos de.*

Esta clasificación, que se ha llevado a cabo desde un punto de vista principalmente categorial, diferencia, en primer lugar, entre locuciones significantes, que cuentan con algún o algunos elementos conceptuales con significado léxico, y locuciones conexivas, que únicamente tienen significado gramatical. Dentro de cada uno de estos grupos, habla de distintos tipos de locuciones teniendo en cuenta su correspondencia con las clases de palabras. Así por ejemplo, las locuciones nominales se dividen en *denominativas,* que tienen el carácter de un nombre común; *singulares,* que se relacionan con el nombre propio; e *infinitivas* que, como su mismo nombre indica, guardan una estrecha relación con el infinitivo[10].

Años más tarde, Zuluaga (1980: 139) sintetiza la propuesta de Casares, junto a las de Eugenio Coseriu y A. V. Isachenko. Su clasificación hace referencia al nivel de estructuración en que pueden combinarse las expresiones fijas: la palabra, el sintagma, la frase y el texto. De acuerdo con este criterio diferencia en primer lugar entre locuciones y enunciados. En los enunciados separa entre frases y textos. Dentro de las locuciones distingue si se trata

---

[10] En 1965, A. Melendo lleva a cabo una revisión crítica de la definición y la clasificación de J. Casares. Por lo que a la clasificación se refiere, se ocupa solo de las significantes (substantivas, adjetivas, pronominales, verbales, participiales y adverbiales), locuciones que, como las partes de la oración a que corresponden, tienen significado propio. No trata las conexivas, es decir, las equivalentes a una preposición o conjunción. Para Melendo, las exclamativas forman grupo aparte, ya que si las locuciones equivalen a una de las partes de la oración, estas equivalen a una oración. Especialmente interesantes resultan sus aportaciones al estudio de las locuciones verbales, totalmente integradas en el modelo de la gramática: las divide, en primer lugar, en locuciones verbales copulativas y predicativas, atendiendo al carácter de su formante verbal. Se detiene fundamentalmente en las predicativas y analiza las clases de verbos que entran en su composición (transitivos, intransitivos, reflexivos, etc.), las relaciones que se establecen entre el significado de la locución y el verbo que la compone, los tipos de locuciones verbales afirmativas y negativas o su papel en las diferentes clases de oraciones (simples o compuestas). En los cuadros finales esquematiza el papel de las locuciones en la oración y del infinitivo como nombre o como verbo.

de instrumentos gramaticales, de unidades léxicas o de sintagmas. Detengámonos en la clasificación de locuciones:

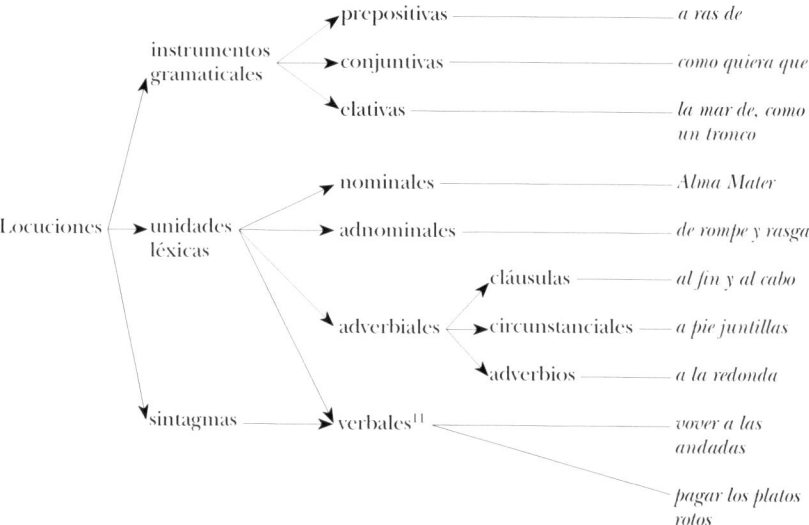

Corpas (1996: 270) diferencia tres esferas para las unidades fraseológicas, constituidas por las colocaciones, las locuciones y los enunciados fraseológicos. Las locuciones se distribuyen en los siguientes grupos:

1. Loc. nominales: *mosquita muerta, paño de lágrimas, el qué dirán.*
2. Loc. adjetivas: *corriente y moliente, más papista que el Papa, de rompe y rasga.*
3. Loc. adverbiales: *gota a gota, de tapadillo, a raudales.*
4. Loc. verbales: *llevar y traer; nadar y guardar la ropa, meterse en camisa de once varas.*
5. Loc. prepositivas: *gracias a, en lugar de.*
6. Loc. conjuntivas: *antes bien, como si.*
7. Loc. clausales: *salirle a alguien el tiro por la culata, como quien oye llover.*

Tras el examen previo de estas clasificaciones categoriales, reflejamos las coincidencias y las diferencias entre ellas, representadas por el siguiente cuadro:

---

[11] Las locuciones verbales pueden reconocerse como unidades léxicas o como sintagmas. Así, *volver a las andadas* equivale a una unidad léxica, "reincidir"; *pagar los platos rotos*, a un sintagma, "sufrir las consecuencias".

	Casares	Zuluaga	Corpas
Nominales	Sí	Sí	Sí
Adjetivales	Sí	Sí	Sí
Verbales	Sí	Sí	Sí
Adverbiales	Sí	Sí	Sí
Prepositivas	Sí	Sí	Sí
Conjuntivas	Sí	Sí	Sí
Participiales	Sí	No	No
Pronominales	Sí	No	No
Exclamativas	Sí	No	No
Clausales	No	No	Sí
Elativas	No	Sí	No

Comprobamos que los tres coinciden al menos en los grupos plenos de locuciones: nominales, adjetivales, verbales y adverbiales, aunque con concepciones diferentes. Casares registra como nominales un gran número de estructuras que, de acuerdo con lo dicho más arriba, habrían de considerarse en muchos casos compuestos sintagmáticos. Para Zuluaga, las locuciones verbales pueden ser equivalentes a un lexema o a un sintagma. La complejidad de las locuciones adverbiales se equipara a la del adverbio simple. La clasificación más exhaustiva es la de Zuluaga, pues permite separar entre las cláusulas, los circunstanciales y los adverbios. No obstante, el primer grupo manifiesta relaciones con las conjunciones, ya que se sitúan al margen del predicado y afectan a todo el enunciado. También existen coincidencias entre las prepositivas y conjuntivas, que conforman instrumentos gramaticales. Además de estos grupos, Casares recogió locuciones que respondían al resto de clases de palabras, a excepción del artículo, por lo que su propuesta incluía como tipos a las pronominales, las participiales o las exclamativas. La discusión sobre la entidad categorial del pronombre sigue abierta en la lingüística. En numerosos trabajos se ha tratado como una clase funcional que englobaría diversas categorías. Casares las llama así "porque hacen oficio de pronombres" (pág. 171), pero nada impediría registrarlas entre las nominales, ya que sustituyen a un sustantivo y desempeñan su misma función: *cada quisque, el que más y el que menos, uno que otro*. En cuanto a las participiales, se trata en realidad de un subgrupo de adjetivales o de verbales, con las mismas funciones que estas categorías. Así se observa en las interrelaciones que existen entre *hecho un mar de lágrimas* y *como un mar de lágrimas*. Según Casares, en el primer caso se identifica, por lo que se trata, en consecuencia, de una locución participial, y en el segundo se compara. Por otra parte, las locuciones exclamativas son enunciados autónomos y no sintagmas; estos encuentran su razón de ser entre los *enunciados fraseológicos*, diferenciados por Zuluaga y por Corpas. Una mayor dificultad que otras combinaciones presentan los sintagmas formados por sujeto y predicado, que Corpas denomina *locuciones clausales*. Ya que no gozan de la autonomía de los enunciados solo pueden tratarse como locuciones. Por otro lado, la clase de las elativas plantea problemas similares a las pronominales o a las participiales. El propio Zuluaga, en un trabajo posterior de 1992, considera que, ya que intensifican verbos, sustantivos o adjetivos, no pueden clasificarse como meros instrumentos gramaticales sin valor categorial y léxico; por el contrario, deben incluirse entre las adnominales si realzan sustantivos, o entre las adverbiales si resaltan verbos y adjetivos.

Hasta el momento, y contemplando las sugerencias expuestas, la clasificación de locuciones más adecuada reflejaría la propuesta de Corpas y estaría compuesta por las nominales, adjetivales, adverbiales, verbales, prepositivas, conjuntivas y clausales. Cabe aún llevar a cabo otra reflexión.

Si se da por sentada la solidaridad entre categoría y función, se comprueba que las locuciones nominales actúan como sustantivos, pudiendo desempeñar funciones propias como sujeto, objeto directo, objeto indirecto o suplemento, además de otras por medio de la traslación. Esto mismo se cumple para las adjetivales o para las verbales. Sin embargo, encontramos algunos problemas al examinar la función de ciertas locuciones adverbiales, prepositivas o conjuntivas, ya que se encargan de unir, como haría una conjunción, pero también de matizar o resaltar determinados complementos. Estas estructuras, establecidas por su función discursiva, recibirán el nombre de *locuciones marcadoras*. El nombre de *marcador* refleja el interés que tales mecanismos despiertan en la lingüística española actual, donde abundan los trabajos sobre conectores, operadores, metadiscursivos, reformuladores y otras unidades extraproposicionales. Por lo que afecta a las locuciones, este grupo incluirá diversos tipos de sintagmas con función discursiva. La procedencia de las mismas podrá ser muy variada, aunque preferiblemente actuarán como locuciones marcadoras las conjuntivas y ciertas locuciones prepositivas y adverbiales. Obsérvese que este grupo define una clase pragmática más que categorial. Las funciones de los marcadores en el discurso resultan muy importantes, pues contribuyen a la cohesión de un texto, facilitan la progresión argumentativa, resaltan o matizan enunciados o guían las inferencias que se han de extraer del discurso. Estas se ejemplificarán ampliamente en el capítulo siguiente.

En consecuencia, la clasificación de locuciones quedaría como sigue:

1. Nominales: *el año de la pera, la cuadratura del círculo, martirio chino, ley seca, carne de cañón, la de Dios*
2. Adjetivales: *de pacotilla, de cine, de campeonato, de estar por casa, de turno, mondo y lirondo, corto de medios*
3. Verbales: *dársela con queso* [a alguien], *tomar las de Villadiego, no valer la pena, poner los puntos sobre las íes, hacer oídos sordos*
4. Adverbiales: *sin tapujos, a medias, a golpes, en breve, sin querer, en la vida*
5. Marcadoras: *sin embargo, no obstante, de todas maneras, de algún modo, de hecho, en el fondo, por supuesto, de acuerdo*
6. Prepositivas: *a cambio de, gracias a*
7. Clausales: *salirle* [a alguien] *el tiro por la culata, caérsele* [a alguien] *la cara de vergüenza, caérsele* [a alguien] *el alma a los pies, hacérsele* [a alguien] *la boca agua, darle* [a alguien] *un vuelco el corazón, no caberle* [a alguien] *el corazón en el pecho, subírsele* [a alguien] *la sangre a la cabeza*

Ya que la simple mención de ejemplos de cada uno de los grupos no resulta suficiente para despejar dudas sino, más bien al contrario, para crearlas, propondremos en el capítulo siguiente algunas vías de estudio de las locuciones, con el objeto de aclarar problemas, localizar interrelaciones entre las clases y adentrarnos en el comportamiento peculiar de este fenómeno en su conjunto.

Capítulo 5

ITINERARIOS PARA EL ANÁLISIS LINGÜÍSTICO

Las locuciones, como unidades lingüísticas que son, pueden estudiarse de diversas maneras. Si atendemos a su estructura, el análisis será formal. Si lo que nos interesa es qué componentes y qué recursos han intervenido en su creación, practicaremos un análisis morfológico. Cabrá observar sus funciones sintácticas, de igual manera que las relaciones semánticas más sobresalientes (sinonimia, antonimia, hiponimia, polisemia, homonimia) o los recursos de metáfora y metonimia empleados. Si nuestro interés se centra en el discurso, el enfoque habrá de ser necesariamente pragmático. Los aspectos que se tratarán son muy diversos, y aluden no solo a su función como procedimientos de cohesión y coherencia, sino también a su papel como recursos argumentativos u óptimamente relevantes y a los procesos de gramaticalización sufridos. Si lo lingüístico es un cruce de caminos con otras disciplinas, la psicolingüística, la enseñanza y adquisición de lenguas, la sociolingüística o las nuevas tecnologías arrojarán luz sobre el espacio de las locuciones. Su estudio y análisis no pretende agotar todas las posibilidades, sino únicamente dibujar algunos itinerarios y, sobre todo, fomentar el interés y la búsqueda de nuevas vías para estas unidades complejas de la lengua.

5.1. Análisis formal

Si una locución es un sintagma fijo, presumiblemente se encontrarán en estado fósil los diversos tipos de sintagmas que existen de forma libre en una lengua: verbales, nominales, adjetivales y prepositivos. Es fácil observar que las locuciones nominales tienen la forma de un sintagma nominal, las verbales, la de un sintagma verbal, y, al menos algunas adjetivales, la de un sintagma adjetival. En cambio, como sintagmas prepositivos encontramos locuciones adjetivales, adverbiales, prepositivas y marcadoras. Las clausales tienen la estructura sujeto-predicado, por lo que estarán compuestas por un sintagma nominal y uno verbal. Partiendo de este presupuesto, examinaremos a continuación los diversos sintagmas fijos y la complejidad que estas estructuras esenciales representan.

5.1.1. *Sintagmas nominales*

Como los libres, las locuciones nominales están constituidas por un núcleo que es, en buena parte de los casos, un sustantivo o elemento funcionalmente equivalente; este elemento es modificado por un adyacente, formalmente adjetivo *(empanada mental, martirio chino)* o sintagma preposicional *(la cuadratura del círculo, el año de la pera)*, o se coordina a otro sintagma nominal *(tirios y troyanos)*; el núcleo puede haber fijado un determinante *(la cuadratura del círculo)* o no *(martirio chino)*. También hay locuciones nominales con una estructura anómala *(la de Dios)* o que presentan otras formas de creación *(todo quisqui, uno que otro, el que más y el que menos, el qué dirán)*.

5.1.2. *Sintagmas adjetivales*

Buena parte de las locuciones adjetivales están formadas por un núcleo, de carácter adjetivo o participial, que recibe modificaciones de forma fija; con frecuencia, este adyacente tiene la forma de un sintagma prepositivo *(corto de medios, limpio de polvo y paja, ligero de cascos)*. A veces la locución se compone de dos sintagmas adjetivales coordinados *(sano y salvo, corriente y moliente)*.

5.1.3. *Sintagmas verbales*

Están compuestos por un núcleo verbal, acompañado por sus complementos. Con mucha frecuencia la estructura actancial de dicho núcleo coincide con la que tiene ese verbo cuando actúa de modo independiente. Esta pista resulta útil para segmentar las locuciones verbales desde un punto de vista formal: previsiblemente, si el verbo es transitivo, habrá fijado su objeto directo o su suplemento; si es intransitivo, será, con toda probabilidad, alguno o algunos de los complementos circunstanciales los que estarán fosilizados. Así se observa con *sacar*, que supone que se saca algo o a alguien de algún sitio. Sintácticamente esto significa que el verbo necesita un objeto directo y un suplemento propio. Estos dos actantes se encuentran tanto en el empleo libre del verbo (ejemplo 1a) como en su aparición como formante de la locución *sacar* [a alguien] *de quicio* (1b):

(1) a. ¡Bea, saca la carne del congelador!
b. Bea me saca de quicio

En la locución el primer complemento *(a alguien)* actúa de forma libre y el segundo *(de quicio)* está fijado.

En español encontramos locuciones verbales que han fijado su objeto directo *(tomar las de Villadiego, cortar el bacalao, llevar los pantalones, meter baza, traer cola, hacer oídos sordos, echar chispas)*, su suplemento *(sacar de quicio, dejar de lado, apuntarse a un bombardeo)* o ambos *(echar leña al fuego)*. Si se trata de una estructura atributiva, el atributo estará fijado: *ser la repanocha, ser un lince, ser de la acera de enfrente*. No obstante, como hemos visto en ejemplos anteriores, los complementos fosilizados son en ocasiones los circunstantes *(dormir a pierna suelta, tener* [algo] *en la punta de la lengua, comerse* [a alguien] *a besos, poner* [algo] *sobre la mesa)* o se han fosilizado algunos actantes junto a los circunstantes *(dársela con queso, poner los puntos sobre las íes, poner* [a alguien] *las peras a cuarto, no dar su brazo a torcer)*. A menudo también se fija un actante, pero de forma pronominal: *tomarla* [con alguien], *cagarla, diñarla, cargársela*.

La fijación de uno o de varios de los complementos necesarios conlleva la pérdida de una o de varias valencias. De este modo, las locuciones *cortar el bacalao* o *llevar los pantalones* han dejado de ser estrictamente transitivas y actúan en la práctica como intransitivas, pues no pueden recibir la modificación de un objeto directo de forma libre. Asimismo, las que han fijado algún circunstante no están capacitadas para expresar una nueva circunstancia con similar significado:

(2) a. *Ha puesto los puntos sobre las íes sobre el mantel
  a. *Tengo la respuesta en la punta de la lengua en el cajón,

En cambio, sí admiten otros complementos circunstanciales:

(3) a. Esta mañana ha puesto los puntos sobre las íes en la oficina
b. Tengo la respuesta en la punta de la lengua desde hace rato.

Esto indica que las locuciones verbales convierten en actantes a los circunstantes que fijan, en tanto en cuanto son complementos necesarios; actúan como un todo, por lo que su fijación impide repetir de nuevo los mismos significados circunstanciales.

5.1.4. *Sintagmas prepositivos*

Buena parte de las locuciones adjetivales *(de estar por casa)*, adverbiales *(al tuntún)*, prepositivas *(en torno a)* y marcadoras *(sin embargo)* se estructuran como un sintagma prepositivo. En esencia, su constitución no da pistas sobre su funcionamiento, aunque ciertos rasgos formales parecen prever algunos de los papeles que tales sintagmas desempeñarán.

Los sintagmas prepositivos fijos están constituidos por una preposición, que hace de enlace, y por un sintagma nominal, que actúa como término. El análisis (Ruiz Gurillo, 1998) revela que la estructura más frecuente es la de preposición+núcleo, sin ningún tipo de adyacencias o modificaciones. No obstante, en otros casos el núcleo puede recibir determinantes, adyacentes, en forma de sintagma adjetival o prepositivo, o coordinarse a otro sintagma prepositivo. La preposición más empleada en la constitución de estas locuciones es *a*, seguida de *de* y *en*. Los esquemas más usados son los siguientes:

1. Preposición+núcleo: *a cuestas, a granel, con retintín, de cine, de campeonato, desde luego, sin embargo, entre comillas, sin comentarios, sobre todo.*
2. Preposición+determinante+núcleo: *al alimón, al tuntún, al menos, en el fondo, en la vida, por lo menos, de cualquier manera, a primera hora, a toda pastilla.*
3. Preposición+núcleo+sintagma adjetivo:
   a) Sin determinante: *de puta madre, en última instancia, a marchas forzadas, de pronóstico reservado.*
   b) Con determinante: *a la pata coja, con la boca abierta, a las mil maravillas.*

4. Preposición+núcleo+sintagma prepositivo: *a salto de mata, a punto de caramelo, a la buena de Dios, por amor al arte, al pie del cañón.*
5. Sintagma prepositivo+enlace+sintagma prepositivo: *a bombo y platillo, de quita y pon, por hache o por be, sin más ni más, a las duras y a las maduras, al fin y al cabo.*

Asimismo, encontramos una gran cantidad de combinaciones encabezadas por una preposición que parecen constituir un molde sintáctico más o menos regular. Sobre la base *de...a...* se encuentran locuciones como *de cabo a rabo, de pe a pa, de uvas a peras, de punta a punta,* etc.; sobre el modelo *de...en..., de par en par, de hito en hito, de flor en flor.* Estas estructuras han sido denominadas por Zuluaga (1980: 113) *esquemas fraseológicos* y definidos como "moldes sintácticos en cuya estructura interna está restringida arbitrariamente, es decir por fijación fraseológica, la libertad de combinación". Buena parte de estos tienen la forma de un sintagma prepositivo, aunque otros son formalmente sintagmas verbales *(dale que dale, erre que erre; sea el que fuere, costare lo que costare).*

Como decíamos, hay ciertas preferencias formales que llevan a una locución a actuar de un modo u otro: las locuciones encabezadas por *de* son a menudo adjetivales, pues recogen la idea del genitivo objetivo: *de estar por casa, de cine, de campeonato;* las que están introducidas por *a* son, frecuentemente, locuciones adverbiales que, a juicio de las gramáticas tradicionales, conformarían *modos adverbiales: a golpes, a cuestas, a granel, a salto de mata, a bombo y platillo.* Las locuciones prepositivas precisan de un enlace fijo: *a ras de, en torno a, en vista de, en son de.* No observamos pistas formales, hasta este momento, que nos ayuden a discriminar cuáles de estos sintagmas van a actuar como marcadores, aunque, como se verá, otros rasgos como su posición o las nociones semánticas que llevan asociados serán determinantes.

Los grupos examinados, sin embargo, no recogen toda la complejidad formal de las locuciones. Mencionamos algunas otras estructuras. Las de carácter comparativo, funcionalmente adjetivos, se construyen con el adverbio *como (blanco como la pared, bueno como el pan, como un bendito)* o con la base del comparativo de superioridad *(más rojo que un tomate, más fresco que una lechuga, más feo que Picio).* Otras tienen estructura de frase *(que no veas, que te cagas, que da miedo).*

Las clausales han fijado, al menos, un sintagma nominal que actúa como sujeto, y un sintagma verbal. Con cierta frecuencia, el sintagma verbal presenta libre el objeto indirecto, ocupado por el agente, y fijada alguna circunstancia *(salirle* [a alguien] *el tiro por la culata, caérsele* [a alguien] *la cara de vergüenza, caérsele* [a alguien] *el alma a los pies, no caberle* [a alguien] *el corazón en el pecho, subírsele* [a alguien] *la sangre a la cabeza).* Si el verbo es transitivo, el objeto directo puede encontrarse fosilizado *(darle* [a alguien] *un vuelco el corazón, hacérsele* [a alguien] *la boca agua)*[12].

5.2. Análisis morfológico

Las locuciones son sintagmas que se comportan como palabras simples. Ello indica que sus componentes actúan como morfemas dentro de un conjunto. Si observamos cómo son estos morfemas, comprobamos su diversidad. Los hay que son palabras diacríticas o que reflejan anomalías estructurales; otros componentes recogen rasgos fonéticos peculiares (fenómenos de ritmo o de rima) que han sido decisivos en la constitución del sintagma; buena parte de las locuciones contienen algún formante de un campo específico, como los que se refieren a partes del cuerpo o *somatismos;* otras han fijado la negación.

Como ya vimos en 4.1., las palabras diacríticas constituyen elementos de estados anteriores de nuestra propia lengua *(de repente, de marras, a la topa tolondro),* de otras lenguas como el latín *(dar en el quid, dar en el busilis)* o el francés *(al bies),* de creaciones propias *(al tuntún, al alimón, a troche y moche)* o de realizaciones virtuales que no existen en la norma *(en volandas,* con el gerundio en femenino plural; *poner pies en polvorosa,* con un derivado de *polvo* extraño). En general, son elementos difícilmente reconocibles fuera de la locución que componen: **moche, *volandas, *repente, *tolondro, *busilis, *tuntún, *alimón, *polvorosa;* no tienen autonomía en la lengua y, por tanto, son componentes únicos de las locuciones. Asimismo, se consideran palabras diacríticas las que proceden de otras lenguas funcionales dentro de la misma lengua histórica *(me-*

---

[12] Los autores del léxico-gramática (M. Gross, L. Danlos, J. Labelle, entre otros) han propuesto esquemas formales que recogen toda la complejidad de las unidades fraseológicas. López García (1990) propone una tipología formal de las locuciones españolas, basada en la gramática liminar.

ter un gol, casarse de penalti, del lenguaje del fútbol; *hacer novillos,* de la tauromaquia; *de órdago,* de las cartas), si bien en estos casos los "morfemas" de la locución *(gol, penalti, novillos, órdago)* no son exclusivos de esta.

También resultan decisivas en su fijación y en su idiomaticidad las anomalías que la locución pueda presentar, porque, de igual modo que las palabras diacríticas, la incapacitan para tener homófonos literales y, en consecuencia, la convierten en una locución. Algunos sintagmas presentan un femenino anómalo en singular *(a la ligera, a la buena de Dios),* en plural *(a malas, a las duras y a las maduras)* o problemas de concordancia *(a pie juntillas, a ojos vistas).*

A menudo, en la formación de una locución han intervenido fenómenos diversos de ritmo o de rima; aunque estos son más frecuentes en las *paremias,* enunciados largos que emplean estos recursos para ser recordados con facilidad, también se encuentran algunos procedimientos en los sintagmas fijos, como la aliteración *(de rompe y rasga),* la rima consonante *(a troche y moche)* o asonante *(a tontas y a locas),* la paronomasia *(el oro y el moro)* o la repetición de fonemas y/o de palabras *(por arte de birlibirloque).*

La presencia de un mismo "morfema" en buen número de locuciones manifiesta lo rentable que ese elemento es para la creación de nuevos sintagmas. Estos elementos suelen referirse a partes de nuestro propio cuerpo, también llamados *somatismos,* y facilitan la creación de metáforas que terminan por fijarse. Las locuciones que los contienen son, en general, bastante motivadas, pues la expresión original alude a menudo a un gesto o acto humano repetido: *andarse con ojo, tener* [algo] *en la punta de la lengua, caérsele* [a alguien] *la cara de vergüenza, lavarse las manos, poner los pelos de punta, no tener dos dedos de frente, levantarse con el pie izquierdo, poner*[se, a alguien] *de rodillas.*

Algunas locuciones han fijado un formante de carácter negativo, normalmente *no (el no va más, no apto para cardíacos, que no veas, no ser moco de pavo, no ver tres en un burro, no casar(se) con nadie),* pero también se encuentran combinaciones con otros términos negativos como *ni (ni en pintura, ni loco), jamás (por/para siempre jamás), sin (compuesta y sin novio, sin ton ni son)* o *ningún (bajo ningún concepto).* Otra cosa distinta ocurre cuando la locución en su conjunto tiene un carácter negativo y es equivalente a una de las negaciones simples, como *en absoluto, en modo alguno* o *en la vida* (Asensio, 1999).

5.3. Análisis sintáctico

Si bien se han apuntado algunas correlaciones entre la forma y la función, la observación formal de un sintagma no es suficiente para determinar la función que desempeñará. Ya que actúan como un todo, se comportan, en general, como las clases de palabras a las que equivalen.

5.3.1. *Locuciones nominales*

Están capacitadas para desempeñar las mismas funciones que el sustantivo simple, esto es, sujeto, objeto directo, objeto indirecto o suplemento, además de otras gracias a la traslación. No obstante, algunas se especializan en una función específica: Zuluaga (1980: 154) señala que *el mejor postor* actúa preferentemente como objeto indirecto de verbos como *vender, ofrecer, dar* o *entregar*, y Corpas (1996: 96) indica la preferencia de *borrón y cuenta nueva* por la función de objeto directo junto al verbo *hacer*.

5.3.2. *Locuciones adjetivales*

Sus funciones propias son las de adyacente del núcleo de un sintagma nominal, sea cual sea la función de este, la de atributo o la de predicativo. Como se señalaba más arriba, buena parte de las locuciones encabezadas por *de* se especializan en la función adjetiva. También otras muestran preferencias: *mondo y lirondo* desempeña únicamente la función de atribución; en cambio, *sano y salvo* se restringe a funciones predicativas con verbos como *llegar* o *salir*, como advierte el *DUE (apud* Corpas, 1996: 98). De igual modo que ocurre con los adjetivos simples, algunas se combinan preferentemente con ciertos sustantivos: *de pacotilla* o *de pro* prefieren sustantivos con el sema [persona]. Las estructuras comparativas sirven para modificar a un adjetivo con el que forman un todo *(más rojo que un tomate,* terco *como una mula)*.

Algunas sirven para indicar deícticamente algo aparecido antes en el discurso *(de marras, de turno)*. Muchas se especializan en intensificar a una palabra o complemento: son las llamadas *locuciones dativas: de cine, de película, de campeonato*. En esto se aproximan a algunas adverbiales que también desempeñan la misma función como *a mogollón, a tope* o *a parir*.

5.3.3. *Locuciones verbales*

Actúan como núcleos de un predicado, hecho que las capacita en ocasiones para constituir la totalidad del predicado. Si la locución presenta actantes libres, estos se rellenarán de acuerdo con el contexto; si todos los complementos necesarios están fijados, estos conformarán el predicado de la oración, junto a los posibles circunstanciales que puedan aparecer. Así se observa en estos ejemplos reales:

(4) a. Hoy lo he pasado muy mal; **me han tomado el pelo,** Rafa *(Cadena Dial Radio,* 7-6-2000).
b. No **pongáis** desde el principio **toda la carne en el asador.** Empezad con tres sesiones semanales de veinte minutos; incrementad la frecuencia posteriormente y de forma gradual, hasta llegar a una sesión diaria *(Body Fitness,* nº 63).

Así pues, en (4a) *tomar el pelo* presenta como libre el sujeto *(ellos)* y el objeto indirecto *(me)*. *Poner toda la carne en el asador* admite cualquier sujeto libre (en (4b), *vosotros)*, algún circunstante *(desde el principio)* y acepta la construcción negativa, como en (4b), o positiva.

5.3.4. *Locuciones adverbiales*

Como el adverbio, desempeñan por naturaleza la función terciaria, de manera que modifican a un verbo, a un adjetivo o a otro adverbio. Asimismo, pueden actuar como complemento de una oración. Dada su complejidad formal y funcional, se acercan a menudo a las funciones propias de los marcadores del discurso.

Cuando modifica a un verbo, se adscribe a la estructura del predicado donde desempeña funciones circunstanciales. Por ello, una misma oración podría contener diversas locuciones que actuaran como circunstanciales de tiempo, de modo o de lugar:

(5) **De vez en cuando,** Juan Antonio y yo nos tornamos una cerveza **a medias en casa**

Cuando modifica a un adjetivo, aporta una circunstancia de modo, que permite aumentar (6a) o aminorar (6b) el valor del adjetivo:

(6) a. Ese niño es malo **con ganas**
b. Estoy **en cierto modo** enfadado por cómo has llevado este asunto

Cuando modifica a otro adverbio, actúa como aposición, especificando y acotando el sentido de un elemento fórico, como *así, aquí, ahí* o *allí*:

(7) a. Si lo haces así **de cualquier manera,** no lograrás nada
b. Yolanda vive aquí **al lado**
c. Cuando estoy ahí **en público** no sé cómo comportarme

No se han de confundir estos casos con aquellos en los que la locución recibe la complementación de un adverbio:

(8) a. Lo digo completamente **en serio**
b. Escuchar música es lo que hago más **a gusto** en mi tiempo libre
c. Actuó muy **a la ligera**

Al modificar toda una oración, la locución se convierte en un adverbio de frase (como se ve en (9)). Suele encontrarse en primera posición y se puede aislar con facilidad. Se encarga, entre otras funciones, de acentuar las nociones de afirmación, negación, duda o suposición:

(9) a. **Sin duda** utiliza flash al hacer las fotos
b. **En la vida** había visto nada igual
c. **A lo mejor** me compro un coche nuevo
d. **Por desgracia,** no puedo ayudarte
e. **Por lo visto,** habla inglés perfectamente

Las funciones de estas locuciones adverbiales están muy próximas a las de los marcadores del discurso, elementos extraproposicionales que sirven para unir enunciados, para introducir una corrección al enunciado o enunciados previos, para reforzar o matizar lo dicho.

5.3.5. Locuciones marcadoras

A menudo, ciertas locuciones se encargan de enlazar enunciados, como haría una conjunción:

> (10) Lo estoy pasando muy bien en la fiesta. **Sin embargo**, creo que debería marcharme.

Pueden hallarse locuciones con valores opositivos, consecutivos, conclusivos, temporales, etc., que, como *sin embargo*, actúan como *conectores: no obstante, con todo, así y todo, ahora bien, en cambio, por el contrario, por (lo) tanto, en consecuencia, por consiguiente, siempre que, siempre y cuando, mientras tanto, tan pronto como, antes bien, aun cuando*, etc. Además, encontramos otros sintagmas prepositivos que en ciertos contextos han desarrollado funciones de conexión, aunque estos usos conviven o pueden convivir con otros donde la misma locución funciona, por ejemplo, como un adverbio: *de todas maneras, de todas formas, de todos modos, en todo caso, en cualquier caso* (Ruiz Gurillo y Pons, 1995).

Otro grupo de locuciones marcadoras, más que unir enunciados, sirven para ordenar, rectificar, puntualizar, aclarar o ejemplificar; algunas estructuran la información *(en primer lugar, en segundo lugar; para empezar, por cierto, a propósito);* otras parafrasean lo dicho *(es decir, o sea, esto es, por ejemplo)*; otras aclaran, puntualizan o rectifican, e indican que lo que viene a continuación es más importante que lo que precede a la locución *(en otras palabras, de hecho, en el fondo)*. Estos elementos se clasificarían funcionalmente como *reformuladores, conectores metadiscursivos* (Briz, 1998) u *operadores* (Portolés, 1998a), o como *estructuradores de la información* (Portolés, 1998a) si cumplen este papel[13].

Cuando las locuciones actúan dentro de un enunciado, pero se encargan de atenuar o intensificar lo dicho, son elementos sintácticamente suprimibles, pero discursivamente necesarios: atenúan *de alguna manera, de algún modo, de alguna forma, en cierto modo, en principio;* intensifican *de (mucho) cuidado, de mírame y no me toques, de cine, de película, a mogollón, a tope, hasta las narices, hasta el moño, que no veas*. De hecho, las llamadas locuciones elativas se distinguen de otras formal y funcionalmente idénticas por servir a la intensificación pragmática.

---

[13] Sobre la clasificación y los tipos de marcadores, resulta muy útil además Pons (2000).

También determinadas locuciones sirven para mostrar el acuerdo o el desacuerdo. Es sintomático que algunas presenten un lexema que contiene este sema: *de acuerdo, por supuesto, desde luego, de ninguna manera, ni pensarlo, ni soñarlo.* Ya que estas últimas se comportan como enunciados autónomos, se acercan a las fórmulas rutinarias del discurso.

5.3.6. *Locuciones prepositivas*

Son enlaces de un término, que se traspone a sustantivo. Por tanto, sus funciones son las propias de las preposiciones simples. Debido a su complejidad sintáctica y semántica, no es fácil encontrar un sustituto libre de muchas de ellas: *a pesar de, con objeto de, en aras de, con el fin de, en torno a, con vistas a, gracias a:*

> (11) **A pesar de** la espectacular subida de precios de vivienda que cabe observar desde 1998, un repaso detenido de la realidad inmobiliaria conduce sin duda al menos a la cautela *(El País,* 21-5-2000).

Sustituir la locución supondría emplear otra locución, *pese a,* y no se aceptarían preposiciones simples.

Por lo general, estas locuciones están compuestas por una preposición y un núcleo de carácter sustantivo, que ha perdido las cualidades de que disponía como elemento libre; a estos dos elementos se une una preposición, necesaria, que convierte todo el conjunto en una locución prepositiva. No obstante, con cierta frecuencia, las locuciones adverbiales se comportan como si fueran prepositivas, esto es, presentan una preposición de enlace: *en medio de, al lado de, por parte de, a juicio de.* Al aparecer con ese índice preposicional son funcionalmente locuciones prepositivas, aunque siguen siendo categorialmente adverbiales, pues la supresión de ese elemento no genera agramaticalidad; en todo caso, esa ausencia se ha de rellenar con un determinante: *se quedó en medio; siéntate a mi lado; por mi parte no tengo nada más que añadir; a su juicio, actuó adecuadamente.*

Por otra parte, muchas de las locuciones prepositivas se convierten en marcadoras por medio del traspositor *que.*

> (12) a. **A pesar de que** no llovió, decidimos quedarnos en casa
> b. He venido con **el fin de que** me ayudes a preparar el examen
> c. **Gracias a que** habíamos llenado la nevera, pudimos atender sin problemas a nuestro visitante inesperado

5.3.7. *Locuciones clausales*

Cuando junto al predicado o parte del predicado se ha fijado el sujeto de la oración, tenemos una locución clausal. Aunque se asemejan a los enunciados fraseológicos, "no constituyen oraciones completas porque: (a) necesitan actualizar algún actante en el discurso en el cual se insertan; o (13) son cláusulas finitas, restringidas a funcionar como elementos oracionales" (Corpas, 1996: 109). Las estructuras mencionadas hasta el momento pertenecen al primer grupo: *salirle* [a alguien] *el tiro por la culata, caérsele* [a alguien] *la cara de vergüenza, caérsele* [a alguien] *el alma a los pies, hacérsele* [a alguien] *la boca agua, darle* [a alguien] *un vuelco el corazón,* o *llevarle* [a alguien] *los demonios, írsele* [a alguien] *el santo al cielo.* En ellas uno de los actantes se actualiza en el discurso y los otros se encuentran fijados.

Para Corpas, las locuciones clausales del segundo grupo actúan por lo general como cláusulas subordinadas que complementan al núcleo de un sintagma nominal: *como quien dice, como quien oye llover; como Dios manda:*

(13) Ese es un hombre **como Dios manda**

Las locuciones clausales se hallan en el límite con los enunciados fraseológicos, si bien es cierto que estos *(un día es un día, el mundo es un pañuelo, vine, vi y vencí, que Dios se lo pague* o *no hay mal que por bien no venga)* tienen un comportamiento diferente de aquellas, ya que son autónomos sintáctica y textualmente.

5.4. Análisis semántico

Las locuciones, como lexemas complejos, manifestan las mismas características semánticas que el resto del vocabulario de una lengua. Forman parte de campos léxicos específicos junto a unidades simples; presentan relaciones semánticas de antonimia, sinonimia, hiponimia, polisemia u homonimia. Sin embargo, la complejidad sintáctica no permite ver en muchos casos el significado del conjunto. Así pues, no se observa con facilidad que *ir al grano* y *andarse por las ramas* son antónimos. Cuando la antonimia se concentra en uno de lo componentes, la cosa se simplifica: *a buenas /a malas; a la corta/a la larga, de cerca/de lejos, en concreto/en general, en público/en privado, llevarse la mejor parte/llevarse la peor parte, darle buena espina* [a alguien] */darle mala espina* [a alguien]. Existen incluso antónimos escalares: *a corto plazo/a medio plazo/a largo plazo.*

Lo mismo ocurre con la sinonimia; si se cuestiona la sinonimia estricta para los lexemas simples, mayores problemas se encontrarán en lexemas complejos como las locuciones. Así, por ejemplo, se consideran sinónimas las locuciones verbales *cortar el bacalao, tener la sartén por el mango, llevar las riendas* y *llevar la voz cantante*, pues las cuatro significan "mandar o dirigir un asunto"; o *tomar las de Villadiego, poner pies en polvorosa, tomar el olivo, darse el piro, ahuecar el ala* y *salir de naja*, con el significado "marchar, huir" (García-Page, 1996a: 485), o *dejarse la piel* y *romperse los cuernos* que significan "esforzarse mucho" (Penadés, 2000: 84). Sin embargo, podrían darse contextos en los que no fueran fácilmente intercambiables, como en (14), donde se acepta *cortar el bacalao,* pero no *tener la sartén por el mango:*

> (14) Si quieres aclarar el asunto, tienes que tratar con el encargado jefe que es el que **corta el bacalao/ ?tiene la sartén por el mango** en la empresa

Si hay antonimia y sinonimia entre locuciones (y con otros lexemas), también se darán relaciones de jerarquía con otras unidades, simples o complejas. Son hipónimos de *esforzarse* dos de las locuciones sinónimas arriba indicadas, *dejarse la piel* y *romperse los cuernos.* El hiperónimo *reírse* engloba locuciones sinónimas como *morirse de risa, partirse de risa, reírse a carcajada limpia, reírse a mandíbula batiente, reírse las muelas* o *reírse las tripas*. La relación de hiponimia también está presente entre unidades fraseológicas antónimas, que serán a su vez hipónimos de dos antónimos: son antónimas *no valer gran cosa* ("no valer mucho") y *valer lo que pesa* ("valer mucho"), que son hipónimas de *no valer* y de *valer,* respectivamente (Penadés, 2000).

Muchas locuciones son polisémicas; en el diccionario presentan varias acepciones *no ser* [alguien] *manco* ("ser poco escrupuloso para apropiarse de lo ajeno" o "ser largo de manos", *DRAE*), *tener gracia* [una persona o cosa] ("Resultar agradable y divertida/ 2. fr. irón. Ser chocante, producir extrañeza/ 3. Resultar agradable o satisfactoria", *DRAE*), *a macha martillo* ("loc. adv. fig. con que se expresa que una cosa está construida con más solidez que primor"/ 2. fig. con firmeza", *DRAE*) o *ponerse* [u.13.] *las botas* ("disfrutar hasta la saciedad" (de la comida, del sexo, etc.) y "enriquecerse, hacer un gran negocio", *DFEM)*

La polisemia de las locuciones se desarrolla en el discurso. En especial, las locuciones marcadoras van lexicalizando diversos significados de acuerdo con sus contextos de uso. Así por ejemplo, *en el fondo* tiene el sentido original de "en la parte más honda o profunda", sentido que se mantiene hoy en día *(la libreta está en el fondo del cajón);* no obstante, ha desarrollado valores como marcador del discurso que la capacitan para reformular, para expresar de un modo más adecuado o definitivo lo dicho *(No tengo nada que añadir; en el fondo ya lo he dicho todo)*. También son polisémicas otras locuciones en origen adverbiales, como *de verdad, en la vida, por lo menos; a propósito, de acuerdo, por supuesto, en todo caso* o *de todas maneras.*

En cuanto a la homonimia, muchas de ellas disponen en la lengua de un hermano gemelo: *cortar el bacalao, tomar el pelo, meter la pata, pagar el pato, morderse la lengua* son ejemplos de locuciones verbales con un posible homófono literal. Ahora bien, debido a que la expresión literal es de uso más restringido que la idiomática, la ambigüedad que podría producirse queda relegada a casos contados en los que el contexto juega un papel destacado en la solución del posible conflicto. Recordemos que la homófona literal de una locución no es fija ni idiomática, es decir, sus componentes pueden conmutarse, variarse o modificarse y el significado del conjunto se acerca en esencia al de sus partes. La comparación de los contextos permite decidir cuál de ellas es locución (15b) y cuál no (15a):

(15) a. ¡Ay! Ya he vuelto a **morderme la lengua**
b. Me he pasado toda la tarde **mordiéndome la lengua** para no decirle que el otro día vimos a su novio en la discoteca

Como decíamos, las locuciones conforman campos léxicos como el de "posesión de conocimiento intelectual": junto a *conocer, saber* o *ignorar* se hallan locuciones como *estar al cabo de la calle, estar al día, estar empollado, estar en bragas, estar pez, no comprender ni papa, no tener (ni) idea, saber de buena tinta* o *saber más que Lepe* (Penadés, 2000: 98-100); el campo léxico de "estado de ánimo" está formado por unidades léxicas como *eufórico, deprimido, triste, alicaído, alegre, feliz, harto* y por locuciones como *tener la moral por las nubes/ por los suelos, estar* [alguien] *que se sale, estar hasta la coronilla/pirri/coño/polla/más arriba.*

Se observa en este último caso cómo una metáfora, basada en la idea de verticalidad (más es arriba y menos es abajo) ha consolidado estos sintagmas fijos. Si nos concentramos en otras metáforas, veremos que algunas generan diversos sintagmas en la lengua, unos más libres y otros más fijos. La metáfora básica UN CONCEPTO ES UN HECHO FÍSICO ha generado locuciones como *sacar* [a alguien] *de quicio, salirle* [a alguien] *el tiro por la culata, estar atado de pies y manos, darse con un canto en los dientes, dar la patada* [a alguien], *meterse* [a alguien] *en el bolsillo* o *dar la vuelta a la tortilla*. A menudo la metáfora actúa junto a la metonimia, como vimos en el caso de *echar una mano*. La metáfora *la mente es un aparato* estructura locuciones como *faltarle* [a alguien] *un tornillo, tener flojos los tornillos, apretarle* [a alguien] *los tornillos, patinarle* [a alguien] *las neuronas, chupar rueda* o *hacer la rueda* [a alguien].

5.5. ANÁLISIS LEXICOGRÁFICO

Las locuciones se encuentran registradas en los diccionarios, pues forman parte del caudal léxico de una lengua. Hasta el momento no existen principios que indiquen con exactitud qué unidades complejas deben reflejarse en los diccionarios generales y cuáles no, aunque se viene aceptando la idea de que tan solo se registrarán aquellas que equivalgan a sintagmas, esto es, unidades sintagmáticas, colocaciones y locuciones. No obstante, continúa habiendo controversia sobre si deben o no incluirse otras combinaciones que no son paremias pero que equivalen a enunciados, como por ejemplo las fórmulas rutinarias *¡qué va!, ¿qué se le va a hacer?, de eso nada*.

Por lo común, muchas de las locuciones de uso general se encuentran en los monolingües, como en el *Diccionario de la lengua española* de la Real Academia Española o en el *Diccionario de uso del español* de María Moliner. Si se trata de un diccionario semasiológico, esto es, que parte de la forma para llegar al contenido, la ordenación es alfabética; atendiendo a este sistema, las locuciones se ordenan en la entrada de su componente más importante, siguiendo la jerarquía sustantivo, verbo, adjetivo, adverbio. Los problemas aparecen cuando la locución contiene dos sustantivos, en cuyo caso es posible que se encuentre en la entrada de ambos, o cuando presenta un verbo como formante, que actúa a veces como palabra clave. Por ello no es extraño que un mismo sintagma fijo se registre en varias de las entradas del diccionario. Si posee una palabra diacrítica, es muy probable que se abra una entrada independiente para esta locución en el orden alfabético que ocuparía dicho lexema. Así por ejemplo, en el *DRAE a la virulé* se encuentra en *virulé* y *tomar las de Villadiego* en *Villadiego*. Dentro de cada una de las entradas la ordenación de las locuciones que dependen de ella no sigue una regla universal. Primero suelen encontrarse los sintagmas fijos nominales, sean locuciones, colocaciones o compuestos; a continuación, el resto de combinaciones fijas por orden alfabético, constituyan locuciones o enunciados fraseológicos. En cuanto a la marcación, se suele indicar su carácter figurado (por medio de la abreviatura *fig.*) o el registro en el que se emplea (*fam., colq., vulg.*), pero aparecen muy pocos datos sobre su categoría, excepción hecha de las adverbiales, prepositivas y conjuntivas. En la definición se encuentran expresiones como "frase con la que se alude …", "expr. fig. y fam. con que se da a entender…", etc.:

> (16) **Hacerse** una cosa **agua**, o **un agua en la boca.** fr. fam. con que se denota que una cosa es muy blanda y suave y se deshace fácilmente en la boca al comerla *(DRAE)*.

Esto indica que es habitual encontrar datos sobre el uso y empleo de la locución, pero es menos frecuente hallar lo que realmente significa. Empleando la terminología lexicográfica, se diría que estas definiciones están construidas en metalengua de signo y no en metalengua de significado. Esta práctica refleja uno de los problemas que plantea el contenido léxico de las locuciones: aunque en buena parte de ellas el significado propiamente dicho está establecido, el significado contextual o las reglas discursivas que las gobiernan se han de extraer de los contextos en que se emplean, lo que explica que no se puedan pasar por alto estas cuestiones en la definición, que incluye tanto datos léxicos como de uso pragmático. Profundizaremos un poco más en estos aspectos en el análisis pragmático.

En los diccionarios bilingües lo importante son los equivalentes de traducción, independientemente de si estos son unidades simples o complejas. Si la lengua de partida dispone de una locución para expresar un determinado concepto se intenta encontrar un equivalente también complejo en la lengua de llegada, pero esto no siempre es posible. La información que se da sobre cada una de las locuciones varía según el diccionario, aunque es muy recomendable que se informe sobre los empleos sintácticos, la valencia o el régimen de las locuciones verbales y su uso discursivo.

Los diccionarios de locuciones emplean métodos de trabajo diferentes. En muchos casos, la delimitación de las unidades que se incluirán no queda clara en las páginas introductorias; esto hace que no solo se registren locuciones verbales o clausales, sino también otras que superan este límite, como ocurre con algunos enunciados fraseológicos. La ordenación suele ser alfabética. La marcación que se emplea es muy diversa, pero por lo común resulta escasa, y se refiere sólo a algunos aspectos como el carácter formal o informal de la locución y su categoría. La definición incluye a menudo datos extralingüísticos y suelen incluirse ejemplos, que acotan su uso. No se descarta que aparezcan informaciones sobre su origen si la locución en cuestión tiene un sentido poco claro, es decir, está poco motivada. Sirva como muestra la entrada del *Diccionario fraseológico del español moderno (DFEM)*[14] para la locución *de verdad:*

> (17) A: [Adj.] *Auténtico, como debe ser* "Este cuadro no parece pintado por un pintor de verdad, sino por un simple aficionado".
> B: [*Expresión con que se enfatiza la autenticidad de lo afirmado*] *realmente, sinceramente, en serio:* "De verdad te ofrezco mi casa para cuando pases por aquí. No creas que es una frase de cortesía".

Wotjak (1998: 311) recomienda que, tanto en un diccionario general como en un diccionario fraseológico, se tomen decisiones sobre:

a) Las unidades léxicas que servirán como entrada de la unidad fraseológica.
b) El lugar concreto en el que se presentará, una vez decidida su ubicación como entrada.
c) La explicación que se ofrecerá de su significado (polisemia, relaciones homonímicas, etc.).
d) La especificación de su potencial comunicativo (combinatoria morfosintáctica, relativa a su valencia o a sus defectos o preferencias en la combinatoria).
e) Las marcas comunicativas (diatópicas, diastráticas y diafásicas).

---

[14] VARELA, F.; H. KUBARTH (1994), *Diccionario fraseológico del español moderno*. Madrid, Gredos.

5.6. Análisis pragmático

Las teorías pragmáticas actuales suministran modelos para analizar los diversos fenómenos que encontramos en la lengua en uso, esto es, en la lengua que empleamos para comunicarnos con otras personas, en situaciones cotidianas, familiares, formales o difíciles, para expresar nuestros conocimientos, nuestras dudas o nuestras emociones. En los últimos tiempos han ido aumentando las publicaciones sobre pragmática en el sentido más amplio del término y, con ello, la variedad de enfoques y modelos. La lingüística del texto, la teoría de la argumentación, de la gramaticalización o de la relevancia han creado modelos que se pueden aplicar a recursos tan variados como los conectores, la repetición, la entonación, el desarrollo de las historias o la creación de nuevas palabras o nuevos valores para las ya existentes. En esta sección nos centraremos en cómo las locuciones pueden explicarse como recursos de cohesión y coherencia, como armas argumentativas, como elementos gramaticalizados o como contribuciones óptimamente relevantes. Esto dará una idea de los diversos tonos del prisma pragmático con que contamos hoy en día para observar su funcionamiento. Las aproximaciones no acaban aquí, pues, además de las que se manejarán, existen otras muy útiles para la fraseología.

5.6.1. *Recursos de cohesión y coherencia*

La Lingüística del Texto fija su atención en el texto como unidad. Para que funcione correctamente debe ser coherente y debe estar bien cohesionado, de tal modo que sea posible situarlo entre los tipos y géneros en los que se organizan los comportamientos discursivos de los seres humanos. Por eso, la coherencia y la cohesión confirman la existencia de los textos en las lenguas. La coherencia es la congruencia del texto, su conformidad con las normas universales del hablar y con el conocimiento del mundo y de las cosas. La cohesión es unión, una buena relación entre sus elementos[15]. Son procedimientos de coherencia el mantenimiento de la continuidad de sentido a lo largo de todo el texto, el empleo de

---

[15] Estas definiciones básicas de coherencia y cohesión se han inspirado en las de Casado (1993) y De Beaugrande y Dressler (1997).

patrones globales conocidos por los interlocutores o la adecuación de lo que se dice al cómo se dice. Son procedimientos de cohesión la repetición total o parcial de estructuras sintácticas o elementos léxicos, el empleo de proformas, la deixis, el mantenimiento del referente o el uso de marcadores.

En este trabajo observaremos cómo las locuciones contribuyen en especial a la cohesión de un texto y, en consecuencia, a proporcionarle su unidad y coherencia. Lo haremos de un modo elemental, resaltando aquellos aspectos más interesantes y dejando en penumbra otros itinerarios posibles.

Imaginemos una conversación cuchicheada entre dos amigas, de la que solo logramos escuchar ciertos fragmentos. Da la coincidencia de que esas partes incluyen locuciones marcadoras:

> (18) Sara: No, no, no, porque mi novio no se lo merece; por una parte (...), por otra parte (...). Sin embargo (...) de todas maneras (...) Ni me ha llamado (...). Por supuesto que lo quiero a pesar de que (...).
> Ainhoa: Por lo menos (...).
> Sara: Desde luego que (...) aunque (...).
> Ainhoa: En definitiva, vas a romper con él ¿no?

A pesar de la dificultad que tiene el receptor improvisado para interpretar esta conversación, puede imaginar su contenido gracias en parte a las locuciones. Intuye que Sara tiene problemas con su novio y sabe que después de toda la explicación que le ofrece a Ainhoa, esta concluye que lo van a dejar. Pero no sabe exactamente qué ha pasado entre el planteamiento inicial de Sara y la consecuencia a la que ha llegado Ainhoa, porque en el medio solo tiene ciertas expresiones de carácter relacional. Es decir, le falta el contenido de los enunciados, la carne, pero tiene el esqueleto del texto. Este esqueleto, no obstante, constituye material suficiente para reconstruir el cuerpo. Sabe que tras decir "porque mi novio no se lo merece", ha explicado las razones que tiene para estar enfadada y sabe que las ha introducido con las estructuras *por una parte* y *por otra parte*. Al menos estas razones son dos. También sabe que después ha hecho una salvedad, encabezada por *sin embargo*. Esta supuesta salvedad se opone a la ejemplificación anterior y, presumiblemente, puesto que lo que precede servía para reforzar la idea de que su novio no se lo merece, debe ser alguna buena cualidad del novio. La locución *de todas maneras* nos avisa de que lo que viene después es un motivo más fuerte que los anteriores para apoyar las razones que tiene Sara para dejar a su novio. Esta sigue ofreciendo razones de peso para estar enfadada ("ni me ha llamado") y nos indica cuál es la causa principal de sus problemas ("por supuesto que lo quiero"); pero de nuevo *a pesar de que* debe introducir algo que queda por encima de ese amor. No todo ha de ser malo y Ainhoa, en auxilio de su amiga, encuentra una razón que, aunque no es la mejor, consuela a Sara. El consuelo, introducido con *por lo menos*, dura poco, porque Sara vuelve a proporcionar algún buen fundamento para no aguantar más a su novio. Así pues, Ainhoa extrae la consecuencia de que va a romper con él, introduciéndola con *en definitiva*.

Como en las reconstrucciones de los dinosaurios a partir de sus huesos, disponemos por el momento de una posible versión del texto que, aunque no sea exacta, parece bastante acertada:

> (19) Sara: No, no, no, porque mi novio no se lo merece. **Por una parte,** ya me ha engañado suficientes veces; **por otra parte,** nunca tiene ni un detalle conmigo. **Sin embargo,** es una persona maravillosa con los demás. **De todas maneras,** no pienso seguir así. Ni me ha llamado. No es que esté diciendo que no lo quiera. **Por supuesto** que lo quiero, **a pesar de que** la situación en la que estamos es ya insostenible.
> Ainhoa: **Por lo menos** tienes muy buenos recuerdos de cuando erais una pareja perfecta.
> Sara: **Desde luego** que los tengo y los guardaré siempre en mi corazón, aunque si se ha creído que por eso me voy a quedar de brazos cruzados, va listo.
> Ainhoa: **En definitiva,** vas a romper con él, ¿no?

Aún podemos hacer algo más: cambiar esas locuciones que nos han servido para recomponer "el cuerpo" por otras que representen valores similares y comprobar si el texto sigue estando bien cohesionado y es, por tanto, coherente:

> (20) A: No, no, no, porque mi novio no se lo merece. **En primer lugar,** ya me ha engañado suficientes veces; **en segundo lugar,** nunca tiene ni un detalle conmigo. **No obstante,** es una persona maravillosa con los demás. **De todos modos,** no pienso seguir así. Ni me ha llamado. No es que esté diciendo que no lo quiera. **Desde luego** que lo quiero, **pese a que** la situación en la que estamos es ya insostenible.
> B: **Al menos** tienes muy buenos recuerdos de cuando erais una pareja perfecta.

A: **Por supuesto** que los tengo y los guardaré siempre en mi corazón, aunque si se ha creído que por eso me voy a quedar de brazos cruzados, va listo.
B: **Por lo tanto,** vas a romper con él, ¿no?

Ahora contamos con pares de locuciones que, al menos en este contexto, son equivalentes, lo que nos ayuda a extraer la idea que aportan al esqueleto del texto. Si fuera el esqueleto de un animal, hablaríamos de las propiedades morfológicas que cada hueso posee para facilitar el sostenimiento de músculos, nervios, tejidos blandos, etc. En el caso de las locuciones marcadoras, las ideas fundamentales serían las siguientes:

Por una parte	*en primer lugar*	adición
Por otra parte	*en segundo lugar*	adición
Sin embargo	*no obstante*	oposición
De todas maneras	*de todos modos*	oposición
Por supuesto	*desde luego*	reforzamiento
A pesar de que	*pese a que*	oposición
Por lo menos	*al menos*	adición
Desde luego	*por supuesto*	reforzamiento
En definitiva	*por (lo) tanto*	consecuencia

Estas locuciones cumplen unas funciones textuales específicas: sirven para añadir, oponer, reforzar o extraer una consecuencia. Ahora bien, esta es la función que desempeñan en este texto, pero podrían cumplir otras en otros discursos. Uno de los rasgos de los marcadores es su multifuncionalidad: no se usan de una sola manera, sino de varias. Así por ejemplo, *por supuesto* sirve para reforzar, pero también puede aparecer en otras situaciones para afirmar, aprobar, asentir o mostrar evidencia (como lo reseña Casado, 1993: 3637 y 1998: 64-65 o como se comprueba en Ruiz Gurillo, 1999). Y aunque *desde luego* coincide en muchos de sus usos con *por supuesto*, se emplean en contextos donde no son intercambiables. Lo mismo sucede con la función textual de oposición; se observan subgrupos que estarían formados por *sin embargo/no obstante; de todas maneras/de todos modos/de todas formas; a pesar de que/pese a que*, y cada uno de ellos ha desarrollado usos específicos, como se verá más adelante.

Algunas de las funciones textuales de las locuciones marcadoras son, aplicando la propuesta de Casado (1993 y 1998), las de ejemplificación *(por ejemplo)*, explicación *(es decir, o sea, esto es, a saber)*, digresión *(por cierto, a propósito (de))*, consecuencia *(en conse-*

cuencia, de manera que, de forma que, de modo que, en resumidas cuentas), conclusión *(en conclusión, a fin de cuentas),* condición *(a condición de que, con tal (de) que),* cierre discursivo *(en fin, por fin, por último),* asentimiento *(en efecto, por descontado, desde luego, por supuesto),* atenuación *(si acaso, en todo caso, en cierta medida, en cierto modo, hasta cierto punto)* o enumeración *(en primer lugar, en segundo lugar, por último, en último término, en fin, que si patatín que si patatán).*

La lingüística del texto observa que ciertas locuciones son marcadores textuales y analiza, considerando el texto como producto, sus funciones, siempre ligadas a los tipos y clases en los que aparecen. Ahora bien, esta perspectiva se centra en el texto como unidad estructural y no profundiza en los mecanismos de la comunicación, en los papeles de hablante y oyente, en las intenciones que tienen cuando comunican, en las reacciones que estas causan en el destinatario o en cómo las palabras contienen datos que influyen decisivamente en la interpretación.

Otras teorías han intentado explicar algunos de estos aspectos, como la de la argumentación, la de la gramaticalización o la de la relevancia. Desde tradiciones, puntos de vista y planteamientos diferentes, nos ofrecen ciertas herramientas que podemos aprovechar para el análisis pragmático de las locuciones, no solo de las marcadoras, sino también de otras como las nominales, las verbales o las clausales que, con sus contenidos, contribuyen a la coherencia y a la buena marcha de la comunicación entre los hablantes. Comencemos por la primera.

5.6.2. *Las locuciones como armas argumentativas*

Los defensores de la Teoría de la Argumentación (reflejada en especial en el trabajo de Anscombre y Ducrot, 1994) consideran que hablar es argumentar, y argumentar consiste en dar razones para llegar a una conclusión. Estas razones o argumentos se encadenan de un modo determinado para lograr el fin perseguido. Los enunciados encadenados tienen una significación y, dependiendo de esta, las conclusiones que se obtengan serán unas u otras. Al observar encadenamientos como los siguientes:

(21) a. He tomado el sol. Me he puesto moreno
b. He comido muchísimo estas vacaciones. He ganado algo de peso,

entendemos que, en general, cuando alguien toma el sol es porque desea ponerse moreno y que si una persona come más de lo que su cuerpo necesita es probable que engorde. Aquí se disponen los enunciados encadenados sin elemento de unión. Pero ¿qué ocurre cuando entre ellos ponemos un marcador? Veámoslo:

(22) a. He tomado el sol. **En consecuencia**, me he puesto moreno
b. He comido muchísimo estas vacaciones. **Por lo tanto**, he ganado algo de peso

Si el segundo es la consecuencia del primero, resulta lógico que para conectarlos usemos marcadores como *en consecuencia* y *por lo tanto*. Estos se orientan al mismo fin que se persigue cuando los enunciados se suceden sin unión. Pero la cosa cambia si en lugar de un marcador consecutivo elegimos, por ejemplo, uno opositivo:

(23) a. He tomado el sol. **Sin embargo**, no me he puesto moreno
b. He comido muchísimo estas vacaciones. **A pesar de ello**, no he ganado nada de peso

Estos enunciados sorprenden porque sus contenidos semánticos, que hasta ahora se relacionaban estrechamente, se observan ahora como opuestos y necesitaríamos buscar otra explicación para entenderlos. Tomar el sol supone ponerse moreno y comer muchísimo, engordar unos kilos. Pero aquí observamos justo lo contrario, es decir, los enunciados se orientan hacia otra conclusión. Y ese cambio repentino no está en los enunciados en sí mismos, sino en los marcadores que los unen.

Las locuciones marcadoras contienen datos semánticos que nos indican cómo hemos de interpretar los enunciados en los que aparecen. Estos datos nos señalan el camino o la dirección que seguiremos e, incluso, la meta a la que llegaremos. Son *instrucciones* básicas de cómo interpretar el discurso. Las locuciones *en consecuencia* y *por lo tanto* mantienen la orientación de los enunciados que unen (son *coorientadas*), mientras que *sin embargo* y *a pesar de* rompen esa orientación (son *antiorientadas*). Si volvemos a nuestra conversación cuchicheada, las instrucciones nos informan de que con *por una parte* y *por otra parte*, Sara da ejemplos que se suman a "porque mi novio no se lo merece"; con *sin embargo, de todas maneras* o *a pesar de*, opone un argumento a otro; Ainhoa encuentra un consuelo para Sara que se suma a las buenas cualidades de su novio (*"por lo menos* tienes muy buenos recuerdos de cuando erais una pareja perfecta") ; pero, dada la orientación que Sara ha dado a sus argumentos principales, todos hacia el mismo fin ("mi novio no se lo merece, ya me ha engañado suficientes veces, nunca tiene ni un detalle conmigo, no pienso seguir así, la situación en la que estamos es ya insostenible"), Ainhoa puede concluir que lo van a dejar, empleando para ello el marcador *en definitiva*, que tiene la instrucción semántica de consecuencia.

Estas locuciones marcadoras de la conversación cuchicheada *(por una parte, por otra parte, sin embargo, de todas maneras, a pesar de, por lo menos, en definitiva)* son *conectores*, pues sirven para unir enunciados. Pero además encontramos otras, como *por supuesto* y *desde luego*, que sirven para reforzar los argumentos. Se conciben, por tanto, como *operadores* que transforman las potencialidades argumentativas de sus enunciados. Los que aquí aparecen van en la misma dirección que estos: Sara quiere a su novio y para resaltarlo lo refuerza con *por supuesto* ("por supuesto que lo quiero"); la contestación que le da a Ainhoa la refuerza con *desde luego* ("desde luego que tengo buenos recuerdos"). Pero si su intención, en lugar de resaltar ese amor, hubiera sido atenuarlo o minimizarlo como si fuera un valor menos importante, habría dicho, por ejemplo:

(24) a. **En cierto modo**, lo quiero
b. **De alguna forma**, lo quiero

En resumen, desde la teoría de la argumentación, las locuciones marcadoras se observan como mecanismos que contienen instrucciones semánticas para conducirnos a ciertas conclusiones. Algunos marcadores sirven para unir enunciados (son conectores) y otros actúan dentro de un único enunciado resaltando o atenuando los argumentos (son operadores). Tanto los conectores como los operadores mantienen la misma orientación argumentativa de los enunciados que unen o modifican (son coorientados), o bien invierten esa orientación (son antiorientados).

Teniendo en cuenta las locuciones marcadoras que han ido apareciendo, dispondríamos hasta el momento de los siguientes datos sobre ellas:

Marcadores	Conectores	Coorientados	*Por una parte*	adición
			Por otra parte	adición
			En primer lugar	adición
			En segundo lugar	adición
			Por lo menos	adición
			Al menos	adición
			En definitiva	consecuencia
			En consecuencia	consecuencia
			Por (lo) tanto	consecuencia
		Antiorientados	*Sin embargo*	oposición
			No obstante	oposición
			A pesar de	oposición
			Pese a que	oposición
			De todas maneras	oposición
			De todos modos	oposición
	Operadores	Coorientados	*Desde luego*	reforzamiento
			Por supuesto	reforzamiento
		Antiorientados	*En cierto modo*	matización
			De alguna forma	matización

Pero lo cierto es que cada locución, como veíamos en el apartado de la cohesión y la coherencia, es multifuncional, por lo que puede desempeñar funciones argumentativas más o menos diferenciadas. Así por ejemplo, las locuciones marcadoras opositivas sirven para indicar una confrontación de igual a igual entre las partes que unen, pero cada una de ellas expresa matices diferentes. Con *no obstante* y *sin embargo* es el segundo miembro el que debe considerarse más importante para la argumentación. Así se observa en este contexto:

> (25) Las prostitutas, que han ofrecido el dinero para que alguien mate a los bandidos, pierden todas sus Saras cuando ven la derrota pública del Duque Bob: "Nadie va a venir", musitan desconsoladas. Y, **sin embargo**, alguien viene, y viene el único que podría acabar con la hipocresía moralista y la falsa estabilidad del sheriff Daggett, y con todo lo que ella representa.
>
> (Julio Cabrera, *Cine: 100 años de historia. Una introducción a la filosofía a través del análisis de películas*, 1999)[16]

---

[16] Un buen número de los ejemplos que se incluyen en el análisis pragmático ha sido

En (25), a pesar de que las prostitutas no esperaban a nadie, sí viene alguien y esto cambia el desarrollo de la película que el escritor nos está contando. Este segundo enunciado ("y, sin embargo, alguien viene") es argumentativamente más importante que aquel al que se opone ("nadie va a venir").

En cambio, otros marcadores opositivos llevan además a una conclusión, de forma que lo que viene después es el punto final de lo expresado, como hacen *de todas maneras, de todos modos* o *de todas formas:*

> (26) El día 1 de octubre, el presidente acudió por la mañana a una entrevista (...) Creo recordar que el presidente entró solamente acompañado por Juan Antonio Yáñez; el resto de la delegación nos quedamos en el vestíbulo. Al poco rato, vimos que había cierto movimiento y que una persona entraba y salía de una sala en la que estaban colocando unos mapas del norte de África. Alguien, pienso que el embajador Foncillas, dijo que la persona en cuestión era el jefe de los servicios secretos alemanes. Era cierto, pues meses más tarde, herr Wicke vino a visitarme a mi despacho y, al verlo, no tuve duda; **de todas maneras** se lo pregunté y me lo confirmó. (Julio Feo, *Aquellos años,* 1993).

En (26), el cronista nos habla de cuando conoció a un personaje misterioso, supuestamente jefe de los servicios secretos alemanes. Meses más tarde tiene la oportunidad de solventar su duda. Solo observando su aspecto deduce que sí lo es, pero como no tiene la confirmación y las opciones son dos ("la persona que tiene delante es el jefe de los servivios secretos alemanes o no lo es"), opta por preguntárselo a pesar de todo ("de todas maneras"). Frente a los argumentos ofrecidos ("es el jefe de los servicios secretos alemanes, no es el jefe de los servicios secretos alemanes, su aspecto lo dice todo"), el más fuerte es el que sigue a la locución ("se lo pregunté"). Este se opone a los otros, pero lo hace asumiéndolos, resumiéndolos y resaltando que lo que aparece tras el marcador ("se lo pregunté y me lo confirmó") es lo definitivo y lo más importante. Así pues, *de todas maneras* es una locución marcadora de oposición, como las concesivas, pero contiene también la instrucción de conclusión.

Otras locuciones marcadoras presentan también peculiaridades argumentativas. Es lo que ocurre por ejemplo con *por lo menos/*

---

extraído del CREA (Corpus de Referencia del Español Actual), editado electrónicamente por la Real Academia Española (http:www.rae.es).

al menos[17]. Para Anscombre y Ducrot (1994: cap. IV) es "el premio de consolación". Cuando aparece este elemento, los argumentos que encadena llevan a la misma conclusión, es decir, tienen la misma orientación argumentativa[18]. *Por lo menos* sirve para ofrecer la única ventaja entre un conjunto de argumentos negativos. Imaginemos que vamos a la feria con unos amigos. No nos apasiona la idea, pero, una vez allí, subimos en los coches de choque, en la noria y probamos suerte con las rifas. Nos gastamos mucho dinero y cuando ya estamos a punto de perder todo lo que llevábamos encima, nos sale uno de los regalos. Esperamos un equipo estéreo, una bicicleta o alguno de los flamantes premios que se exponen, pero recibimos una muñeca pepona. Nuestra cara de desilusión obligará a nuestros amigos a decir algo como:

>   (27) Has ganado una muñeca pepona; **por lo menos** no te vas con las manos vacías

Es decir, hemos jugado para conseguir algún premio y lo cierto es que lo hemos logrado. En cambio, nuestras expectativas se ven frustadas, pues no es el primer premio el que recibimos, sino solo uno de consolación. Los enunciados que encadena la locución ("has ganado una muñeca pepona", "no te vas con las manos vacías") llevan a la misma conclusión, por lo que hemos de considerarnos satisfechos con el estado de cosas obtenido, aunque no era ese el fin que perseguíamos al jugar.

Observemos ahora cómo se encadenan los argumentos en contextos reales:

>   (28) En los claustros de la catedral de Barcelona se encuentra el sepulcro de un tal mossén Borra que es objeto de curiosidad popular. El sepulcro, o **por lo menos** la lápida, es de bronce; en él, o ella, está representado un bufón en lujoso traje terminado con unos flecos con cascabeles. A sus pies se halla un perro, símbolo de la fidelidad. (Carlos Fisas, *Historias de la Historia*, 1983)

El escritor lleva a cabo una descripción de un sepulcro. Al parecer es de gran belleza y está labrado en un metal muy preciado. El argumento más fuerte sería "el sepulcro es de bronce", pero el escritor se ha de conformar con indicar que "por lo menos la lápi-

---

[17] Cabe diferenciar estos marcadores de las estructuras formalmente idénticas que sirven para expresar 'cantidad' y que no tienen valores argumentativos: *eran por lo menos las tres; tenía al menos cincuenta años*.

[18] A no ser que aparezca otro marcador que cambie esa orientación, como ocurre en (29), donde *pero* opone un argumento a otro.

da es de bronce". Mossén Borra no tiene un sepulcro maravilloso, pero al menos una de sus partes es de un material noble.

En otros casos, el encadenamiento de los enunciados se hace por medio de otro conector, como *pero,* que opone el primero al segundo. En este contexto, *por lo menos* indica que el segundo argumento es el premio de consolación, frente a las frustraciones que trae consigo el primero:

> (29) Patxi Ugarte (Tegui) está demostrando este año que es un ciclista peleón. Después de dos cuartos puestos en Bidasoa, ayer quiso probar suerte en Erro. No consiguió abrir un hueco definitivo pero **por lo menos** se llevó la montaña. A quien lucha y pone todos los medios no se le puede exigir más. *(Diario de Navarra,* 20/05/99, Ciclismo amateurs)

Se trata de la crónica sobre una carrera ciclista. Uno de los corredores, Patxi Ugarte, tenía expectativas de ganarla y, aunque no lo consiguió, se llevó el premio de la montaña. Este premio no satisface totalmente al corredor, pero le consuela. Los argumentos dados son suficientes para el receptor, pues el corredor ha puesto todos los medios a su alcance para ganar y se le debe valorar como tal.

Sin embargo, de todas maneras o *por lo menos* son algunas de las locuciones marcadoras que pueden analizarse teniendo en cuenta sus funciones argumentativas. Otras muchas aceptarían una explicación similar como *de acuerdo, por supuesto, desde luego, de hecho, en el fondo, en todo caso* o *en cualquier caso.* Todas ellas son marcadores que cumplen funciones discursivas concretas. Así por ejemplo, las tres primeras se pueden identificar como operadores de refuerzo argumentativo (Portolés, 1998a); *de hecho* y *en el fondo,* como marcadores no parafrásticos (Pons, 2000); *en todo caso* y *en cualquier caso,* como reformuladores de distanciamiento (Rossari, 1994), (Ruiz Gurillo y Pons, 1995), (Portolés, 1998a).

5.6.3. *La gramaticalización de locuciones*

Si observamos con detenimiento las locuciones marcadoras que hemos identificado como operadores de refuerzo argumentativo *(de acuerdo, por supuesto, desde luego),* comprobamos que la idiomaticidad es en ellas algo evidente: el resultado final no se corresponde con la suma de sus partes; el significado relacional "refuerzo argumentativo" se obtiene sumando preposiciones diferentes *(de, por; desde)* a núcleos morfológicamente distantes (sustantivo, participio, adverbio). El camino por el que estos sintagmas han llegado a lexicalizarse, a fijarse y a establecerse como los conocemos hoy en día, constituye un proceso evolutivo desde las formas totalmente libres a las locuciones.

Una propuesta pragmática, la Teoría de la Gramaticalización[19], intenta dar cuenta de estos y otros mecanismos de la lengua. No solo se centra en la evolución de las formas, sino, en especial, en las motivaciones y los mecanismos discursivos que facilitan los cambios. Así, podría explicar el paso de una estructura comparativa como IAM MAGIS al término de polaridad negativa *jamás* o la evolución de la perífrasis latina CANTARE HABEO al futuro sintético *cantaré*. En lo que afecta a las locuciones, cabría señalar que la gramaticalización coincide, de hecho, con los procesos de fijación e idiomaticidad, ya que supone la asimilación por parte de un sintagma que actúa en bloque de los valores presentes en los "morfemas" que lo componen y de los datos que se asocian a los contextos donde estos "morfemas", de manera separada, o en el conjunto del sintagma, actúan. En esencia, lo que la gramaticalización ayuda a canalizar es cómo estas locuciones han ido asumiendo valores discursivos que no estaban en su significado propiamente dicho, sino en los contextos en los que comúnmente aparecían.

Así por ejemplo, los conectores opositivos *no obstante* y *sin embargo* han discurrido por caminos diferentes hasta llegar a ese empleo. *Sin embargo,* que es en origen una construcción preposicional, actúa en un primer momento dentro de un sintagma verbal, mientras que *no obstante,* que "tiene su origen en una construcción absoluta latinizante formada por el participio de presente del verbo *obstar* 'impedir, obstaculizar', *obstante,* por un constituyente (una oración o un sintagma nominal) que funciona como sujeto, y por el adverbio negativo *no*" (Garachana, 1998a: 201), lo hace en una cláusula absoluta. Progresivamente ambas van desarrollando un sentido de concesión, lo que les permite servir para introducir toda una cláusula. El siguiente paso consiste en señalar una relación de oposición más fuerte, de adversación, en la que se especializan, de tal forma que pasan de

---

[19] En Cuenca y Hilferty (1999: cap. 6) se encuentra una explicación clara y didáctica de los principios de esta teoría.

unir oraciones a conectar enunciados y a tener un papel discursivo más que gramatical.

Tan solo la observación diacrónica permite conocer de cerca los cambios y proponer una posible vía desde el uso original hasta el que manifiesta hoy en día. Se ha observado que el conector actual *de todas maneras* ha ido asumiendo, por un lado, valores que se encontraban en sus formantes o en sus contextos de uso más habituales, y, por otro, funciones cada vez más alejadas de las de circunstancial (Pons y Ruiz Gurillo, en prensa). El sustantivo de contenido vago *maneras* debía especificarse con otros elementos, como el cuantificador universal *todas*, o por medio de adyacentes o modificadores *(de todas maneras que pudieren, de todas maneras buenas)*. Estas acotaciones ayudaban a interpretar el sintagma: se había de buscar en el contexto más inmediato la información para completar su sentido. Cuando el contexto no ofrecía estos datos, el receptor debía obtener esa información de los conocimientos previos de que disponía. Progresivamente, estos valores semánticos van pasando a la locución, que sirve para resumir las formas o modos de hacer algo. *De todas maneras* que, en principio es un circunstancial adscrito a la estructura del predicado y de escasa movilidad posicional, acaba desempeñando funciones de unión entre enunciados. Y lo hace heredando los datos semánticos que ha ido integrando, como la referencia a las maneras que se encuentran en el contexto inmediato o en el conocimiento de los oyentes. Así pues, sirve para asumir, resumir u optar por una de estas alternativas o "maneras".

Resulta curioso ver cómo el antepasado de este marcador, *en todas maneras*, funciona en contextos similares a *de todas maneras* en la actualidad, como demuestran estos dos ejemplos, entre los que distan más de 400 años:

> (30) En los arenales y tierras floxas sin trabajo las pueden bien labrar antes que llueua y avn es mas prouechoso para que mejor beuan el agua que sobreuiniere estando mollidas y abiertas. Quiere onde son tierras rezias tres cauas o vna reja y dos cauas. la primera a de ser en acabando de podar/ y avn si se poda antes del inuierno querria que alo menos mullessen las cepas al derredor y les quitassen toda la yerua por que se quemen/ que arriba dixe quanto aparejo daua la yerua para que la viña se quemasse con los yelos. Esto digo que se haga si la viña no se escauo. Digo asi que la primera caua o reja sea en acabando de podar. y si entonces no fuere/ sea **en todas maneras** antes que abotone por que no reciba daño. Esta

lauor a de ser muy honda por que mate la yerua y mulla desde lo hondo/ y si ay grama quiten se la: a lo menos no la dexen al pie de las cepas que las esquilma y desustancia y daña mucho (Gabriel Alonso de Herrera, *Obra agricultura*. Alcalá, 1513). (Tomado del corpus de Pons y Ruiz Gurillo, en prensa).

(31) A: sí/ bueno si vaa y no están muy brotados porque es que si están muy brotados es una pena ¿no?
B: sí
A: cortarles esa subida/ si todavía no están muy brotados sí que puedes hacerles todavía un recorte/ **de todas maneras** tampoco hay problemas_ eel- el geranii000 rebrota muy bieen yy- vamos_ no vas a tener problemas/ si quieres hacerle todavía un poquito de recorte ([16-L. B], 1993). (Tomado de Ruiz Gurillo y Pons, 1995)[20].

En (30), Gabriel Alonso de Herrera nos explica en 1513 cuál es el mejor momento para cavar las viñas. La mejor opción es hacerlo después de podar, pero también se puede hacer más tarde. Es decir, al menos se plantean dos alternativas. El consejo de Herrera es que, sea después de podar o sea algo más tarde, lo que ha de quedar claro es que se debe cavar siempre antes de que salgan los nuevos brotes. *En todas maneras* sirve para señalar que lo que viene después ("sea en todas maneras antes que abotone por que no reciba daño") es el punto final de lo dicho antes y que se ha de tomar como la conclusión o el resumen de esas alternativas. (31) constituye un fragmento de un programa de radio en el que un especialista en botánica responde a las consultas de los oyentes. B ha preguntado sobre la conveniencia de cortar los brotes de un geranio. Las opciones que se plantean, como en el ejemplo anterior, son dos: puede cortarlos o puede no cortarlos. *De todas maneras* sirve para reconducir esas opciones y asumirlas, pues se corte o no se corte el geranio, lo que debe quedar claro es que B no tendrá problemas.

Estas mismas nociones podrían aplicarse a otras locuciones marcadoras, como las que hemos ido enunciando hasta ahora, si bien sería necesario un estudio diacrónico detallado que corroborara lo que se encuentra en el estado actual de la lengua.

---

[20] Las claves de transcripción empleadas por el grupo Val.Es.Co. se pueden encontrar en Briz (Coord.) (Grupo Val.Es.Co.) (1995) y Briz y Grupo Val.Es.Co. (2000).

5.6.4. *Combinaciones óptimamente relevantes*

La aproximación al estudio de las locuciones a partir de la Teoría de la Relevancia será el último acercamiento que realizaremos dentro del análisis pragmático. Retomemos los ejemplos (23a) y (23b):

(32) a. He tomado el sol. **Sin embargo**, no me he puesto moreno
b. He comido muchísimo estas vacaciones. **A pesar de ello**, no he ganado nada de peso

Decíamos más arriba que estos enunciados sorprenden porque expresan justo lo opuesto de lo previsible y explicábamos que los conectores *sin embargo* y *a pesar de* se orientan argumentativamente hacia una conclusión contraria a la que se esperaba. Si estos enunciados se insertaran en una conversación, los destinatarios tendrían que intentar buscar en el contexto más inmediato o en los conocimientos de que disponen en su mente ciertos datos para entender esos mensajes, y tendríamos diálogos como los siguientes:

(33) A: He estado en la playa. **Sin embargo**, no me he puesto moreno
B: ¡Claro! Porque tú eres casi albino

(34) A: He comido muchísimo estas vacaciones. **A pesar de ello**, no he ganado nada de peso
B: Como que tú nunca engordas aunque te atiborres

El conocimiento que tenemos del emisor nos permite buscar la mejor comprensión para esos enunciados. En este sentido, los conectores *sin embargo* y *por supuesto* actúan como *guías* en un camino desconocido y nos conducen por la interpretación más adecuada. Para la Teoría de la Relevancia (en especial Wilson y Sperber, 1993), los marcadores del discurso contienen información de procesamiento (no conceptual) que nos sirve de guía para no perdernos en el mare mágnum del discurso y para hacer que cada contribución sea lo más relevante posible. En las intervenciones de A en (33) y (34) no están todos los elementos que son necesarios para que B pueda interpretar correctamente esos enunciados. En consecuencia, B deberá relacionar, por medio de un mecanismo cognitivo llamado *inferencia*, lo dicho con los datos contextuales de que dispone, tanto los que se refieren al aquí y al ahora como los que afectan a su conocimiento sobre A, con el objeto de procesar el mensaje de acuerdo con lo que su interlocutor ha querido manifestar. En el caso de (33), interpretará que aunque lo habitual al ir a la playa y tomar el sol es volver moreno, A no lo ha conseguido debido a las peculiaridades de su piel; y en (34), que su metabolismo funciona perfectamente pues, a pesar de haber comido mucho, no ha engordado.

Este papel de guía se observa en otras locuciones como *por cierto* y *a propósito*. En (35), la locución marcadora *por cierto* es la advertencia que indica que se va a introducir un nuevo dato sobre el restaurante del que se habla:

> (35) Este tipo de caza aparece, por supuesto, cuando no hay veda, en los grandes restaurantes. Es de destacar por ejemplo el extraordinario costillar de ciervo asado que se sirve en el restaurante Ampurdá de Figueres, que hace correr a la ciudad de Salvador Dalí a centenares de aficionados a la mesa de caza. Este restaurante fue, **por cierto**, el favorito del genial Dalí, excepcional gourmet. Cuando estuvo enfermo en una clínica de Barcelona, se hacía traer a diario sus almuerzos y cenas desde la casa fundada por Josep Mercader y regida hoy por su yerno Jaume Subirós. No quería otra cocina. (Xavier Domingo, *El sabor de España*, 1992)

Por cierto, de igual modo que *a propósito*, nos guía a través del discurso hacia nuevos subtópicos o hacia temas distantes de los tratados hasta ahora. *A propósito de* es en (36) la baliza de la carretera que señala que se va abrir un nuevo tema de conversación:

> (36) DUQUESA: Un poco desmejorada, me han dicho. Doblemente vestida de greñas y peinada de harapos. Aunque esta vez no he tenido ocasión de verla. Pasé toda la semana en el coto de caza. Cobré catorce piezas. Fue maravilloso.
> GOBERNADOR: *(Distraído)* La felicito.
> ESPOSA: *(Interviniendo)* ¡Pero tienes que hacer algo! Este whisky se me vuelve completamente amargo, ricino de cuando era niña. ¡Y **a propósito de** niños! *(A la Duquesa)* Va diciendo por ahí que ha perdido a sus hijos..., no sé dónde, un precioso cuento, pidiendo ayuda para encontrarlos... ¡Y hay gentes que ya se han lanzado a la búsqueda! ¡Les he visto desde mi ventana! ¿Más hielo?
> DUQUESA: No thank you, darling. (Agustín Gómez-Marcos, *Queridos míos, es preciso contaros ciertas cosas*, 1994).

La esposa, que reflexiona sobre el sabor del whisky, introduce el tema verdaderamente interesante (la duquesa ha perdido a sus hijos) retomando algo que ha dicho antes ("ricino de cuando era niña") y lo avisa con esta locución. De esta manera, tanto *por cierto* como *a propósito* sirven para indicar la bifurcación hacia un camino secundario o hacia una vía independiente.

Así pues, las locuciones marcadoras se observan desde la teoría de la relevancia como guías de los procesos inferenciales que se producen en el discurso, de igual manera que para la teoría de la argumentación constituyen instrucciones semánticas de la argumentación.

Pero no solo las locuciones marcadoras, convertidas en balizas de la carretera discursiva, son relevantes. También el resto de locuciones contiene datos que el destinatario aprovecha para interpretar los mensajes de su interlocutor y obtener de ellos el máximo aprovechamiento.

Cuando hablamos nos comunicamos. Y lo hacemos aunque lo que decimos explícitamente no responda con exactitud a lo que queremos decir. Hacerse entender y que el destinatario capte óptimamente lo que pretendíamos expresar es ser relevante (Sperber y Wilson, 1994). La relevancia está presente en todas las manifestaciones del lenguaje; en las explícitas y en las menos explícitas. Si un compañero de trabajo, Goyo, le dice a otro, Luis:

(37) Tengo un canguro en mi casa,

es posible que Luis entienda perfectamente a qué se refiere. Nosotros no lo sabemos, aunque hemos de suponer que Goyo se ha comprado un canguro como mascota o que tiene un cuidador para sus hijos mientras está fuera. Probablemente, como desconocedores absolutos de cualquier conocimiento previo sobre Goyo, optaríamos por la primera opción, pues en la sociedad actual nos cuesta más imaginar un cuidador de niños del sexo masculino que del femenino. La relevancia de este enunciado es un cálculo entre los efectos cognitivos que causa y lo que cuesta procesarlo. Aplicado al ejemplo, para que Luis entienda el mensaje deberá, en primer lugar, deshacer la ambigüedad de la expresión, decantándose por el significado de *canguro* que le vaya mejor al contexto, lo que en este caso podría interpretarse como "tengo un cuidador en mi casa". Esto le ayudará a aumentar su conocimiento sobre Goyo y sobre su situación familiar, es decir, tendrá un efecto inmediato sobre él, como saber que cuando está fuera contrata a un cuidador para sus hijos, que, por supuesto, tiene hijos y que no le importa que un "extraño" cuide de ellos, o que puede permitirse este gasto extra. Es posible que, dado el conocimiento previo que Luis tiene de su compañero de trabajo, no le cueste mucho procesar el mensaje. En ese caso, los efectos cognitivos serán mayores y, en consecuencia, la relevancia óptima.

Pero si el destinatario fuera un inglés recién llegado a nuestro país, con un nivel elemental de español, tal vez el mensaje no causaría ningún efecto en él porque no lo entendería y, por tanto, no sería relevante.

Las locuciones, de igual modo que las metáforas, la ironía o los chistes, son expresiones ambiguas que el destinatario ha de esclarecer. Buena parte de estos sintagmas fijos forman parte de nuestro acervo cultural; los hemos ido aprendiendo desde nuestras primeras palabras y con su forma hemos asimilado también su significado concreto, los contextos en los que se usan preferentemente e, incluso, ciertas nociones sobre su origen. El hablante que pretenda ser relevante al emplear una locución deberá tener en cuenta estos datos. Si el destinatario la conoce, el esfuerzo de procesamiento será mínimo; la locución logrará su objetivo y este ampliará su conocimiento sobre las cosas de las que se habla. Ya que resume en muy pocas palabras un significado estable, ciertas ideas culturales o sociales, los efectos que tendrá serán mucho mayores que si se hubiera empleado un sintagma libre de la lengua para expresar lo mismo. Veamos qué ocurre en un contexto real.

Unos amigos hablan en una situación distendida sobre lo difícil que resulta hoy en día llegar a concebir un hijo cuando se desea. Los participantes aluden a diversas parejas que lo intentaron durante meses, e incluso años, sin conseguirlo. Es después de haber oído estas ejemplificaciones cuando Xose afirma:

(38) Pues una amiga mía fue **llegar y besar el santo**

Para los destinatarios el enunciado es transparente, pero no alcanza su objetivo de manera directa, sino por medio del mecanismo cognitivo llamado *inferencia*. En primer lugar, el destinatario ha de lograr que el enunciado no le resulte ambiguo. Para ello aplica el significado de la locución verbal *llegar y besar el santo* al contexto concreto en el que se emplea, observa que tan solo se puede interpretar como un sintagma idiomático y obtiene la *explicatura*, que diría algo así: "pues la amiga de Xose logró muy pronto sus propósitos". Pero esto deja otros datos que están como adheridos al significado de la locución, a modo de parásitos, o *implicaturas:* que la locución se aplica en contextos que llevan asociados las ideas de rapidez y falta de esfuerzo; o que su origen se encuentra, posiblemente, en la época en que los peregrinos, tras haber recorrido durante días y días el camino de Santiago con el único fin de abrazar y besar al apóstol, debían guardar una inmensa cola para ver cumplido su objetivo, o en las celebraciones más cotidianas de miles de parroquias en las que se exponía la imagen del santo a la veneración de los fieles. La aplicación de estas nociones parasitarias al contexto concreto consigue que los destinatarios amplíen su entorno cognitivo, es decir, que conozcan más datos que antes de iniciar la conversación. Para empezar, nos sitúa ante una circunstancia de la sociedad actual: hoy en día, debido a problemas como la infertilidad, los métodos anticonceptivos o el estrés, resulta a veces muy difícil que las parejas conciban un hijo deseado al primer intento. A pesar de ello, la amiga de Xose lo consiguió muy pronto y tiene ya un hijo; también inferimos que ese hijo era, por supuesto, deseado y, en consecuencia, su amiga es una madre feliz; que el niño vino al mundo sin problemas o que es también un niño feliz. Está claro que Xose no pretendía poner sobre la mesa todas estas implicaturas, sino tal vez únicamente que su amiga consiguió pronto quedarse embarazada y tiene ya un hijo. Estas conclusiones están más próximas a lo que el hablante ha querido manifestar, mientras que las otras se alejan más de los propósitos de éste, como si se tratara de las ondas que se forman en el agua al arrojar una piedra[21].

El enunciado "pues una amiga mía fue llegar y besar el santo" exige un gran esfuerzo de procesamiento pero, a cambio, ofrece una mayor ganancia cognitiva; al emplear la locución, Xose activa de forma intencionada la implicatura más fuerte ("mi amiga consiguió pronto quedarse embarazada"), pero también una amplia gama de implicaturas débiles que vienen condensadas con el significado idiomático de la locución, mucho más rentable que su paráfrasis literal.

Pero ¿qué ocurre cuando el significado literal y el figurado de un sintagma se confunden o se mezclan desordenadamente, como si de las piezas de un puzzle se tratara? Xose pudo emplear la locución *llegar y besar el santo* no para ejemplificar la situación de la que se hablaba en ese momento, sino para cambiar de tema. Si se que-

---

[21] Este símil ha sido tomado de Reyes (1996: 62), dada su plasticidad y la sencillez con que permite explicar la diferencia entre implicaturas fuertes y débiles.

da callado, todos los participantes en la conversación entenderán que su amiga logró quedarse embarazada muy pronto. Sin embargo, si continúa hablando con la intención de tratar otro tema, los interlocutores descubrirán asombrados que Xose no quería decir lo que ellos entendieron, sino que su amiga estuvo en Santiago y pudo besar muy pronto al santo[22]. Las locuciones permiten por lo general este doble juego, una lectura literal y una lectura figurada; los hablantes lo saben y no es extraño que lo empleen con fines lúdicos, irónicos o creativos. Lo maravilloso del lenguaje es que casi siempre se deshace la ambigüedad y que, por lo tanto, la relevancia que se logra es óptima. Pero además las locuciones ofrecen como opción toda una gama de detalles: las relaciones con su homófona literal, lo sobreentendido, lo que se pudo querer decir y no se dijo o lo que, de acuerdo con nuestro conocimiento de las cosas, hemos interpretado como destinatarios. En la literatura, en los medios de comunicación y también en la conversación coloquial, los escritores/hablantes emplean las locuciones como armas de doble filo; las modifican en su forma con diversas intenciones, mezclan varias de ellas, activan el significado literal y el figurado a la vez, aluden a ellas sin nombrarlas, etc.

Fernando Lázaro Carreter, siguiendo con la serie de *El dardo en la palabra,* ha publicado en *El País* varios artículos sobre los atropellos que se cometen contra el lenguaje. Apoyándose en la locución clausal *caer chuzos de punta* construye un artículo titulado *Chuzos sin punta* (6-2-2000). *Caer chuzos* significa "caer granizo, llover o nevar con mucha fuerza o ímpetu" *(DRAE).* A menudo se le añade la coletilla *de punta,* para indicar la vehemencia de las piedras de hielo, tan sólidas que caen al suelo manteniendo su forma puntiaguda, como los chuzos, palos armados con un pincho de hierro. La variación que ha llevado a cabo Fernando Lázaro en el título hace recordar, sin duda alguna, la forma correcta de la locución, *caer chuzos de punta,* pero la negación advierte de que los chuzos pueden presentar otras formas no puntiagudas. Esta modificación suscita desde el principio nuestro interés. A lo largo del artículo, el autor ejemplifica de diversos modos la situación lamentable que sufre el español; en muchos de sus párrafos acaba con una "paráfrasis" de la mencionada locución:

---

[22] De todos modos, esta interpretación está restringida por la forma que tiene el sintagma fijo. Al presentar un objeto directo de persona sin preposición *(el santo),* la interpretación que se seleccionaría en la mayor parte de casos sería la idiomática, pues si se desambigua como sintagma libre el resultado es una secuencia agramatical.

(39) No creo tan irritantes para el agresivo vengador de lo alto algunas modernidades de la pomada idiomática. Con frecuencia he oído elogiar a tal o cual mujer hermosa diciendo que tiene un *importante físico*. Es un caso más del progreso, ya lo advertí años atrás, que hace en nuestro idioma ese adjetivo; y no sé por qué, de manera tonta, había asociado últimamente el *físico importante* a beldades femeninas del plató. Ahora se aplica al mozancón que, en cualquier deporte, opone corpulencia al avance de sus rivales. Y así como, referido a una bella, lo de *físico importante* me parecía sutil y gracioso y verdadero, cuando se dice de estos fornidos, lo encuentro un poco ridículo. Claro que, a lo mejor, desde el otro sexo se ven las cosas al revés. No creo, sin embargo, que esto **atraiga piedras del olimpo unisex del lenguaje**.

Considero, sin embargo, altamente provocativo para la deidad el salto de garrocha que da gran parte de la prensa sobre las normas de la acentuación u otras: se las pasa de un brinco ceñido. Un diario meridional, que me envía un lector y que elijo entre tantos, escribe en titulares: *miercoles, Africa, exámen, jóven, ésto, un sólo voto* , además de *elije*. (Y se adorna con una revolera: "El presidente Chaves va a coger una gripe de tanto bajarse los pantalones". Ahí queda eso). Aún hay adultos que ya no creen en los Reyes Magos, pero sí en que las mayúsculas no se acentúan. El arcángel guardián de las letras ya habrá dado parte: no extrañe, pues, si **cae** ante nuestras narices (más atrás, resultaría imposible quejarse) **un cacho de iceberg celeste**.

Y termina diciendo:

Y así, se dice por ejemplo que habiendo cesado tal jerarca, se hará cargo *momentáneamente* del puesto tal subjerarca. Con ello, los de hablar ultraligero quieren decir que éste va a sustituirlo *de momento*. Pero lo que están diciendo con *momentáneamente*, en paleoespañol al menos, es que el sustituto va a ocupar el sillón sólo un ratito; cuando puede que se quede con él. Esto puede **acarrearnos teides de hielo**. Ah, y Teruel existe: ánimo, paisanos. *(El País, 6-2-2000)*.

En los tres casos *(atraer piedras del olimpo unisex del lenguaje, caer un cacho de iceberg celeste, acarrear teides de hielo)* se ha alterado de un modo complejo la locución *caer chuzos de punta* para referirse a la amenaza que suponen para la lengua estos errores. La comprensión de este artículo pasa por saber conectar estas expresiones con la locución y, a pesar de la dificultad que cualquier destinatario pueda tener para lograr una óptima relevancia, captará algunas de las cosas que ha querido manifestar el escritor y podrá inferir otras por su cuenta. Para empezar, dispone de una información previa: que tanto las piedras, el iceberg o el teide son como los chuzos, de material duro, y que caen del cielo; pero que a diferencia de estos, no parecen tener forma puntiaguda o que, si la tienen, esta no es una cualidad destacable. Más aún, que la ausencia de la cualidad "puntiagudo" se ve compensada por la magnitud de los *chuzos,* o de las piedras, del iceberg o del teide que caen del cielo. Es precisamente esa ausencia la que sorprende, porque es casi inevitable conectar esa forma puntiaguda de los chuzos con la que tienen los dardos, los dardos en la palabra que tan magistralmente ha descrito Lázaro Carreter. Con esta información, cada uno de nosotros podría entender otras muchas cosas, de manera que lo que se puede inferir del texto supera con mucho lo que se dice.

No es menos cierto que no siempre el escritor o el hablante pretenden alterar una locución para jugar con ella y confundir al destinatario. Equivocarse es de humanos, dice la paremia, y lo hacemos con frecuencia al enunciar una locución o cualquier otra unidad fraseológica. Pablo, un niño de 4 años, le atribuyó el contenido "sufrir una sensación que produce cierto nerviosismo" a la locución alterada en su composición *tener un lazo en la barriga*. Con ese significado y con esa forma no puede ser otra cosa más que la locución *tener un nudo en el estómago*. A Pablo se lo disculpamos, porque es un niño y todavía no ha aprendido correctamente la locución. Posiblemente también disculparíamos a un extranjero que aprende nuestra lengua. Interpretamos qué ha querido decir, restituimos la locución adecuada y, por lo tanto, la relevancia del enunciado acaba siendo óptima.

Pero cuando es un hablante hecho y derecho el que se equivoca, no se le perdona con tanta facilidad; al contrario, los destinatarios le humillan, ponen en evidencia su falta de cultura, su "prestigio" social o se ríen de él. No es lo mismo decir que nos vamos a comer a alguien como si estuviera guisado *en pepitoria* que *en pepitilla;* la locución anómala tiene una lectura sexual que no tiene la correcta; es más difícil de interpretar, pero al final, después de las risas y de preguntar lo que el hablante ha querido decir, logrará su objetivo. La mezcla de dos locuciones en el enunciado "cada vez que paso por ahí *se me remuerde el estómago*" es mucho más difícil de procesar que si el hablante hubiera dicho: "cada vez que paso por ahí *se me remuerde la conciencia*" o "cada vez que paso por ahí *se me revuelve el estómago*". Tampoco es exactamente igual afirmar que alguien tiene encima de su cabeza la *espada de Damocles* que la *espadita Mocles*[23]. Aunque con mucho más esfuerzo que con la unidad fraseológica correcta, el destinatario buscará qué es lo que pretendía manifestar su interlocutor y acabará por conseguir una relevancia óptima.

En consecuencia, tanto si las locuciones se emplean correctamente como si se varían con una intención concreta o porque el hablante se equivoca, la relevancia de las mismas está garantizada, debido a que pertenecen al acervo cultural de los interlocutores y cuestan por lo común poco de procesar; si la tarea cuesta mucho, los conocimientos nuevos que obtenemos, el placer de un texto bien escrito, la ironía que se extrae de lo dicho o lo a gusto que nos reímos, habrán valido el esfuerzo.

5.6.5. *Conclusiones*

La lingüística del texto, la argumentación, la gramaticalización o la relevancia, como teorías generales, han ido desarrollando conceptos que pueden ser aplicados a nuestro objeto de estudio. Así, hemos indicado que las locuciones marcadoras son elementos importantes para la cohesión y, en consecuencia, para la coherencia de un texto; que contienen instrucciones semánticas sobre cómo deben ser empleadas; o, dicho de otro modo, que sirven de guía para la buena marcha del discurso; y que las instrucciones semánticas o las inferencias pragmáticas no han surgido de la nada, sino por medio de una evolución diacrónica. También hemos visto cómo la relevancia explica las funciones comunicativas de las locuciones, incluso en los casos en los que están modificadas de forma intencionada o por error.

Los acercamientos practicados constituyen una muestra de su observación pragmática, pero no la única muestra, puesto que otros enfoques pueden arrojar luz a su estudio, análisis y clasificación.

5.7. Análisis interdisciplinar

Terminaremos los posibles itinerarios de análisis con una aproximación interdisciplinar. La lingüística aplicada es un cruce de

---

[23] Por extraño que parezca, estos ejemplos se han extraído de contextos reales.

caminos con otras disciplinas, como la psicología, la pedagogía, la etnología, la sociología, la traducción o incluso las matemáticas. Las intersecciones generan ramas como la psicolingüística, que se ocupa de la adquisición y enseñanza de lenguas o de los procesos en los que se produce una pérdida de la capacidad lingüística, causada por enfermedades, taras físicas o mentales. La sociolingüística atiende a los contactos, los contrastes o la traducción de lenguas, así como a la influencia que los factores sociales tienen en el discurso. Las matemáticas y las nuevas tecnologías le aportan nuevas herramientas para generar *corpora* lingüísticos o para tratar automáticamente el lenguaje, de forma que sea posible su síntesis y reconocimiento, su generación o su traducción automática[24].

Las locuciones han sido el punto de mira en muchas de estas *aplicaciones*. Debido a sus peculiaridades, tienen una dificultad añadida para ser aprendidas o enseñadas, para ser traducidas con garantías, natural o artificialmente, o para ser usadas en un contexto de uso determinado sin producir inadecuación.

5.7.1. *El aprendizaje y la enseñanza de las locuciones*

Veíamos más arriba que Pablo, un niño de 4 años, vinculaba el significado "sufrir una sensación que produce cierto nerviosismo" a la expresión *tener un lazo en la barriga*. Aunque se ha usado incorrectamente, Pablo sabe que lo que él quiere decir se asocia a una forma compleja, a un sintagma fijo que sirve para expresar exactamente ese contenido. Los niños van aprendiendo progresivamente las estructuras fijas de la lengua, y lo hacen del mismo modo que van asimilando otros mecanismos del lenguaje, como las formas flexivas de los verbos, los fonemas o las relaciones jerárquicas entre palabras. Es un elemento más que se debe adquirir. Algunos estudios (Levorato y Cacciari, 1992) han demostrado que hacia los siete años el niño ya es capaz de comprender y usar locuciones verbales. Pablo es demasiado joven para emplear adecuadamente la locución *tener un nudo en el estómago,* pero reconoce que en ese sintagma hay algo especial: actúa como una "palabra larga" y con el tiempo será capaz de reconocerla si la oye en un contexto concreto. Según estas autoras, es precisamente el contexto el fac-

---

[24] La lingüística aplicada cuenta con diversos manuales, de entre los que destacamos el de Payrató (1998) por su carácter general y didáctico.

tor de mayor importancia en la adquisición y el empleo de locuciones, mucho más importante que la familiaridad con la expresión, como se creía en otros trabajos sobre psicología y locuciones.

Pero lo cierto es que los niños no podrán adquirir y usar locuciones adecuadamente si no han desarrollado otras capacidades, en especial la metafórica, que supone a su vez la adquisición del núcleo estructural del lenguaje. Un niño sano empieza a implantar esa capacidad hacia los cuatro años y medio (Riviére, 1999), lo que explicaría que Pablo ya use algunas expresiones metafóricas, aunque sea incorrectamente[25].

La adquisición de locuciones es también una asignatura pendiente para los que aprenden español como lengua extranjera. Se suele decir que no se domina una lengua hasta que no se conocen y se usan sus expresiones propias, esto es, las locuciones, las colocaciones, las paremias y las fórmulas rutinarias. Los métodos comunicativos de enseñanza de lenguas insisten desde el primer momento en las unidades fraseológicas: cualquiera de ellos registra desde las lecciones iniciales fórmulas de saludo y despedida, para cambiar de tema o para dar las gracias. Ahora bien, las paremias y las locuciones suelen dejarse para más adelante, para cuando el aprendiz, como ocurre en el caso de los hablantes nativos, ya ha adquirido el núcleo estructural del lenguaje. Por eso es recomendable que sea en los niveles intermedio y avanzado cuando se introduzcan. Los actuales métodos de enseñanza del español como lengua extranjera no profundizan demasiado en los sintagmas fijos, aunque contamos con algunos monográficos que pueden ayudar a cualquier extranjero que pretenda aprender y usar de forma correcta nuestras locuciones y otras unidades fraseológicas. El trabajo de Domínguez, Morera y Ortega (1988) sobre el español idiomático sigue resultando de gran ayuda, de igual modo que el de Ortega y Rochel (1995), dedicado a las dificultades del español. Últimamente se han publicado algunos artículos que presentan diversas propuestas didácticas (Forment, 1998 y 2000; Gómez Molina, 2000; Ruiz Gurillo, 2000b), si bien destaca un libro (Penadés, 1999) que sirve tanto al profesor como al estudiante para adentrarse en el mundo de las locuciones y otras unidades fraseológicas. Este presenta una recopilación de los diversos materiales para su didáctica, una explicación de las

---

[25] Las diversas hipótesis psicolingüísticas que explican cómo reconocemos y cómo procesamos locuciones se exponen en Belinchón (1999).

principales dificultades de enseñanza-aprendizaje y una propuesta de ejercicios.

5.7.2. *Las locuciones, una reserva natural de la lengua con trastornos*

Cuesta mucho aprender las locuciones de una lengua, su forma, su significado y sus condiciones de empleo. Pero de igual modo podrían no adquirirse nunca o muy tarde, o podrían perderse. Cuando una persona sufre una alteración del lenguaje, causada por un problema físico o psicológico, toda su estructura lingüística se tambalea. Se ha comprobado, (Riviére, 1999) que los niños autistas tienen serios problemas para interpretar el lenguaje no literal y, en consecuencia, para usar adecuadamente locuciones. La causa es fundamentalmente psicológica, pues no son capaces de desarrollar las diversas fases de metarrepresentación que conducirían a un niño sano a la suspensión de las representaciones simbólicas con el significado de las palabras. Para un niño autista no existe diferencia entre la cosa (un pastel, por ejemplo) y su representación (el dibujo o la foto de ese pastel), por lo que tampoco hay diferencias entre las palabras y lo que significan.

Si una persona sufre, por ejemplo, un accidente de tráfico que le daña el cerebro, es muy probable que padezca una *afasia*. La afasia es un trastorno que representa una pérdida total o parcial del lenguaje, y esto puede manifestarse en la construcción de enunciados agramaticales *(agramatismo)*, en la incapacidad de dar nombre a las cosas *(anomia)*, en alteraciones fonéticas en su discurso o en la generación de una jerga semántica propia, ininteligible para el resto. La intervención logopédica de los pacientes afásicos es difícil, pues el especialista debe apoyarse en aquellos aspectos lingüísticos que han quedado preservados tras el trastorno para intentar reconstruir, en la medida de lo posible, el lenguaje. Ulatowska y Olness (1998) han comprobado que algunos tipos de unidades fraseológicas resisten los embates de la afasia. Aunque es normal que se olvide la forma correcta de la expresión y el conocimiento sobre su forma, se mantienen sus funciones semánticas y pragmáticas nucleares. Para el logopeda, son muestras de la capacidad de abstracción de esos individuos o del lenguaje conocido de que disponen. Para el lingüista, es una reserva natural que se ha salvado de la quema indiscriminada causada por la afasia. El empleo de ese lenguaje preservado será de gran ayuda en la recuperación de los paraísos lingüísticos perdidos.

5.7.3. *Las variedades "locucionales"*

El español es una de las lenguas más habladas en el mundo. Pero sus numerosos hablantes no la emplean igual. Es totalmente cierto que comparten su núcleo, pero existen diferencias en su pronunciación, en la construcción que hacen de los enunciados o en cómo llaman a las cosas. De hecho, el léxico de Hispanoamérica es en parte diferente del peninsular. También las unidades fraseológicas y, en concreto, las locuciones, son diferentes. Algunas cambian parcialmente su forma, como *del tiempo de Maricastaña*, que se usa en Perú como *del tiempo de la cocoa* (Zuluaga, 1980: 107). Otras varían totalmente la forma para expresar lo mismo: la locución *hacer novillos*, que significa "no asistir a clase", cuenta con diversas variantes geográficas como *irse de pinta* (México), *irse de capiura* (El Salvador, Honduras), *comer jobos* (Puerto Rico), *echar o hacerse la pera* (Ecuador), *hacer la vaca* (Perú), *hacer la amarra* (Chile), *hacerse la rabona* (Argentina, Paraguay y Uruguay) *o hacerse rata* (Argentina) (Forment, 2000: 65). La observación de una variedad concreta, como el español de Cuba, ofrece locuciones como *arrancar el sollate* ("matar a alguien"), *tener mil años de bufete* ("tener mucha experiencia de la vida") o *armarse una cagazón* ("complicarse una situación) (Tristá, 1998).

Las variaciones no solo se observan según el lugar del dominio hispánico donde nos encontremos, sino también si estamos en una ciudad o en el campo, o si los hablantes son hombres o mujeres, jóvenes o viejos, instruidos o no. El sexismo, que afecta a tantas manifestaciones del lenguaje, también influye sobre las locuciones. Frente a las machistas *estar hasta los cojones* o *no salirle* [a alguien] [algo] *de la polla* se imponen las más feministas *estar hasta los ovarios* o *no salirle* [a alguien] [algo] *del coño* (Daniel, 1988: 22). Las personas de un nivel sociocultural medio o alto tienen acceso a un vocabulario más amplio que les permite variar de registro en cada situación de uso. Algunas de las locuciones marcadoras, como *no obstante, por consiguiente* o *en consecuencia,* no son nunca o casi nunca usadas por personas de niveles socioculturales bajos. En otras circunstancias, lo que prima es el canal por el que se comunica, oral o escrito: *es decir* y *esto es* son locuciones marcadoras más cuidadas y se prefieren en la escritura; en cambio, *o sea* es menos formal y más frecuente en la lengua hablada. La mayor o menor formalidad destaca en otras locuciones como *a lo mejor*, expresión intermedia entre las formales *tal vez* o *quizá*, con el mismo valor, y las coloquiales más informales *igual*, como adverbio de probabilidad, y *lo mismo* (Ruiz Gurillo, 1998: 76). Los usuarios más jóvenes crean o exportan de otras áreas un léxico que, a menudo, pasa a ser de dominio público, como ocurre con las locuciones *comerse un /el marrón, pillar/coger un pedo/mona/cogorza*. Buena parte de estas locuciones entroncan con el léxico argótico; así por ejemplo, en el argot carcelario se usa *comerse un/el marrón*, para indicar que el preso asume la sentencia condenatoria; *ir de legal*, aplicado al preso que cumple las normas del *talego; dar la del pulpo*, referido a las palizas que se dan a un interno por un gran número de agresores; o *tener el mono*, "tener el síndrome de abstinencia". Todas estas expresiones aparecen tanto en el lenguaje de los presos como en el registro juvenil e, incluso, en el argot común, accesible a los usuarios de cualquier edad y condición social. Ahora bien, en estos registros suelen perder precisión semántica y aplicarse a otros ámbitos, de modo que *comerse un/el marrón* ya no alude a una sentencia, sino a la aceptación de una situación comprometida o difícil, como un problema familiar o de trabajo, y *tener el mono*, a la ansiedad que provoca cualquier aspecto de la vida, no necesariamente relacionado con la droga (Sanmartín, 1999).

Si desarrollamos nuestro discurso en una situación distendida, con nuestros amigos o conocidos, es decir, tenemos una conversación coloquial, es posible que nuestro léxico y, en consecuencia, también nuestras locuciones, se adapten a este registro. Emplearíamos, por ejemplo, algunas de las llamadas "malsonantes" como *mandar* [a alguien] *a freír espárragos/tomar por culo, joder la marrana, pasarlas canutas/putas/jodidas*, o locuciones elativas con la función pragmática de intensificar lo que se dice: *de puta madre, de cojones, a parir*. También serían frecuentes algunas propias de este registro como *molar un mazo, pasarse tres pueblos* o *no ver tres en un burro, estar más chupado que la pipa de un indio, estar sordo como una tapia, costarle* [a alguien] [algo] *un ojo de la cara* o *ser un gallina* (Briz, 2000: 34).

5.7.4. *La traducción de locuciones*

Traducir es un proceso complejo por medio del cual se trasvasan de la lengua origen a la lengua destino las formas y las funciones de un texto. Este trasvase no solo se logra cuando se plasman las formas lingüísticas originarias, sino en especial cuando se trasmite con la mayor exactitud lo que el texto original comunicaba. Traducir locuciones no es tarea fácil, pues supone, en el mejor de los casos, que existe una locución equivalente en la lengua de destino. Ahora bien, este equivalente de forma puede no ser de significado o, aunque coincidan esencialmente, podrían existir matices que se encontraran en una y en otra no. La labor del traductor debe estar siempre guiada por el mayor respeto al texto, y esto implica que si la locución no tiene un equivalente idéntico podrá ser traducido por una paráfrasis literal. Lo que supone un gran error es traducir "formalmente" una locución con otra locución sin respetar la equivalencia de significados. Según Corpas (2000), existen cuatro estrategias básicas para trasladar una unidad fraseológica:

a) Traducción mediante una unidad equivalente en la lengua meta, ya sea una sola palabra o una unidad fraseológica.
b) Traducción mediante paráfrasis del contenido de la unidad fraseológica en el texto original.
c) Omisión en el texto meta de una unidad fraseológica del original.
d) Compensación en otras partes del texto meta mediante la introducción de unidades fraseológicas no presentes en el texto original.

A estas estrategias cabe añadir una quinta (Corpas, 2000: 517-518):

e) Traducción mediante reproducción del esquema fraseológico semántico-conceptual del original, lo que conlleva una creación neológica de carácter fraseológico en la lengua de destino y, a menudo, ocasiona verdaderos errores de traducción.

De todas maneras, las unidades fraseológicas son difíciles de traducir en abstracto, al margen de un texto concreto, pues se relacionan estrechamente con un hecho histórico o con una situación específica, y esto repercute en su aprendizaje (Santamaría, 1998).

5.7.5. *La lengua automática y la lingüística de corpus*

Para los estudios de lengua automática supone un verdadero quebradero de cabeza la existencia de locuciones y de otras unidades complejas. Uno de sus objetivos básicos es el reconocimiento de unidades lingüísticas, como los morfemas, las palabras o las oraciones. Una vez reconocidos, será posible que una máquina analice fragmentos del lenguaje natural o lo genere artificialmente. Pero, dado que las locuciones son sintagmas fijos que equivalen a una palabra y que a menudo presentan un significado idiomático, el método automático deberá contar con herramientas que avisen de que lo que parecen varias palabras independientes en realidad no lo son. Estos sintagmas deberán estar "marcados" de algún modo, lo que permitirá trabajar con ellos sin problemas.

Las industrias de la lengua se encargan de elaborar productos, recursos y técnicas que faciliten un tratamiento automatizado del lenguaje y de los diversos materiales lingüísticos. En este sentido, el desarrollo de las nuevas tecnologías ha propiciado la elaboración y almacenamiento de diferentes *corpora* lingüísticos con fines diversos. Existen *corpora* escritos y orales; de lengua culta y de lengua informal; en forma de entrevistas o de conversación. La Real Academia Española está ultimando un nuevo corpus electrónico que consta de dos partes: el CORDE (Corpus Diacrónico del Español) y el CREA (Corpus de Referencia del Español Actual). El primero incluye textos desde los orígenes del español hasta 1975. El segundo, de 1975 hasta la actualidad. En conjunto registran más de 180 millones de palabras, entre textos escritos y orales, y tienen la ventaja de integrar otros *corpora* del español, por lo que resultan de gran ayuda para estudiar casi cualquier aspecto de la lengua.

Los trabajos sobre locuciones y otras unidades fraseológicas del español apoyados en *corpora* resultan todavía hoy escasos. En parte cabe achacarlo a su baja frecuencia de uso en textos escritos y orales en relación con otros fenómenos lingüísticos (conectores, sustantivos, verbos, conjunciones, etc.). En un trabajo anterior (Ruiz Gurillo, 1995) llevamos a cabo un estudio de los sintagmas prepositivos fraseológicos a partir de un corpus de conversación coloquial[26] y comprobamos que la frecuencia de uso de estos sintagmas, que incluyen locuciones verbales, adverbiales, prepositivas y marcadoras, venía a ser de una aparición por cada minuto de conversación.

De los grupos de locuciones, las más frecuentes son las verbales, las adverbiales y las marcadoras. Así lo confirma el trabajo de Castillo (2000) sobre un corpus de textos literarios y periodísticos. De los 1.635 registros, 407 son locuciones verbales, lo que supone un 24,8 del total.

También se basa en un corpus el trabajo de Corpas (1998a). La autora recoge la idea de Strässler o Moon de que la frecuencia de uso de las unidades fraseológicas en el discurso es relativa. Por lo que afecta a las paremias, ha comprobado que la media de ocurrencias por tipos es de 2.10 en el *Corpus Vox-Biblograf* y de 1.35 en el *Corpus de citas en español*.

El trabajo de Forment (1999) y (en prensa) viene respaldado por un amplio corpus, fundamentalmente del siglo XV, extraído del proyecto *Diccionario general y etimológico del castellano del siglo XV en la Corona de Aragón*, del disco 1 del *Admyte (Archivo Digital de Manuscritos y Textos Españoles)* y de obras literarias como *El Conde Lucanor* o *La Celestina*. Esta vasta documentación permite disponer de las diversas unidades fraseológicas con somatismos, como *cabeza* o *mano*, y observar sus variantes, su significado o su pervivencia a lo largo de los siglos.

Para poder estudiar aspectos como los grados de fijación e idiomaticidad de las locuciones en el contexto, las posibilidades de variación, los modelos formales más empleados en su constitución, las alteraciones de su forma y/o de su contenido, el proceso de gramaticalización o las funciones pragmáticas que desempeñan en un tipo de texto concreto son necesarios los trabajos apoyados en un corpus lingüístico. La disponibilidad y accesibilidad del CORDE y del CREA para todos los investigadores los convierten en obras de consulta obligatoria para aquellos que deseen emprender estudios y análisis de locuciones apoyados en *corpora*.

---

[26] En Briz (Coord.) (Grupo Val.Es.Co.) (1995) se encuentra una muestra de nueve conversaciones coloquiales, pertenecientes a dicho corpus de referencia. En la actualidad el grupo Val.Es.Co. ultima la publicación de un segundo volumen de transcripciones coloquiales.

EJERCICIOS

1) En las siguientes parejas de sintagmas hay uno que es locución y otro que no lo es. Indique cuál:

   dar la nota/ dar la carta
   llevar los papeles/llevar los pantalones
   montar un puzzle/montar un pollo
   cortar las alas/cortar el camino
   escurrir el bulto/escurrir el caldo
   estar para comérselo/estar para preguntarle
   no tener donde caerse muerto/no tener donde dormir
   montar en los caballitos/montar en cólera
   tener un nudo en la garganta/tener una piedra en la zapatilla
   echar destellos/echar chispas

2) En los siguientes pares, diferencie la locución más idiomática de la menos idiomática:

   a la virulé/a la carrera
   a golpes/a menudo
   a secas/sin tapujos
   echar una mano/llevar las de perder
   no ver tres en un burro/no andarse con chiquitas
   pasar factura/pasar las de Caín

3) En los siguientes pares, diferencie la locución más motivada de la menos motivada:

   echar las campanas al vuelo/irse por los cerros de Úbeda
   a troche y moche/a salto de mata
   pisarle los talones [a alguien] */ser la repera*
   de rompe y rasga/de postín
   matar el gusanillo/tomar las de Villadiego
   perder la cabeza/hacer estragos
   tomar el portante/tener [algo] *en la punta de la lengua*
   hacerse el sueco/estar entre la espada y la pared
   en un abrir y cerrar de ojos/en un santiamén

EJERCICIOS 97

ser un zorro/ser un mirlo blanco
ver las estrellas/dorar la píldora
ahogarse en un vaso de agua/estar en Babia
costar un ojo de la cara/irse a pique
en fárfara/en volandas

4) En los siguientes pares, separe las metáforas, semilexicalizadas o libres, de las locuciones:

armar un texto/armarse de paciencia
llamarse a engaño/destapar el engaño
endulzar la vida/ganarse la vida
incubar un mal/olerle [algo] *mal* [a alguien]
redoblar esfuerzos/sacar fuerzas de flaqueza
abrir boca/abrir caminos para la paz
hervir la mente/tener en mente
aguar la fiesta/alimentar una esperanza
peinar el alma/romper el alma

5) En los siguientes pares, separe las locuciones de las unidades sintagmáticas:

dar la matraca/dar forma
poner en relación/poner los puntos sobre las íes
hacer la vista gorda/hacer mención
libertad de expresión/cabeza de turco
agua de borrajas/agua de colonia
regalo sorpresa/regalo envenenado
talón de Aquiles/talón de Aquiles
lengua viperina/lengua materna

6) En los siguientes pares, separe las locuciones de las colocaciones:

tapar la boca/zanjar una polémica
guiñar un ojo/tener ojo
caballo alazán/caballo de Troya
conejillo de indias/momento crucial
error garrafal/puñalada trapera
lógica aplastante/balde de agua fría
conciliar el sueño/quitar el sueño
opuesto diametralmente/hecho y derecho

7) Clasifique las siguientes locuciones según su categoría:

ir contra la corriente, de puta madre, en resumidas cuentas, a bombo platillo, dolerle [a alguien] *el alma, de tomo y lomo, ley seca, a medias, ahora bien, a flor de, de marras, salirle* [a alguien] *el tiro por la culata, de vez en cuando, carne de cañón, cabeza de turco, ligero de cascos, plantar cara.*

8) Separe las locuciones según la forma que presentan (sintagma nominal, adjetival, verbal o prepositivo):

pasar página, sabérselas todas, ni muerto ni vivo, hacer la vista gorda, a cambio de, en vilo, con vistas a, ser un viva la virgen, cortar el bacalao, paño de lágrimas, armar la de Dios es Cristo, de hecho, la cuadratura del círculo, mondo y lirondo.

9) ¿A qué locución pertenecen los siguientes "morfemas"?

troche, cuclillas, líbitum, vistas, horcajadas, Villadiego, tolondro, caudinas, virulé, quid, Quintín, alimón, juntillas, hurtadillas, gatas, paripé, Caín, bies, marras, tuntún, repente, Ceca, Pinto, volandas, Babia, nefás, tontas, birlibirloque.

10) ¿Qué relación semántica se da entre estos dos pares de sintagmas?
   a) *Llevar la batuta/llevar la voz cantante*
   b) *Traer frito* [a alguien] */llevar por el camino de la amargura*
   c) *Quitar hierro/echar leña al fuego*
   d) *A expensas de/a cargo de*
   e) *A ciegas/a tientas*
   f) *Apretarse el cinturón/tirar la casa por la ventana*
   g) *Hacer de tripas corazón/sacar fuerzas de flaqueza*
   h) *De vez en cuando/a cada instante*
   i) *Cantar las cuarenta/poner los puntos sobre las íes*
   j) *Llevar en bandeja/traer frito* [a alguien]
   k) *A ojo de buen cubero/al pie de la letra*
   l) *Dar la espalda/dar la cara*
   m) *Coger el toro por los cuernos/ver los toros desde la barrera*
   n) *Coger el toro por los cuernos/poner el cascabel al gato*

11) Recoja diversas locuciones en las que intervenga como formante uno de estos somatismos:

lengua, boca, cara, pelo, mano, brazo, pie.

12) Indique algunas variantes de las siguientes locuciones:

dar la lata
dormir como un lirón
no importar un bledo
costar un riñón

EJERCICIOS

trabajar como una mula
dar en el clavo

13) Las siguientes locuciones se encuentran manipuladas en su forma. ¿Podría reconstruir las expresiones correctas?:

a golpe de pájaro
tener el toro cogido por el rabo
poner toda la grasa en el asador
arrimar la barriga
tener el cazo por el mango
acercar el leño a su sardina
no dar pierna con bola

14) Indique todos los datos que pueda (de fijación, idiomaticidad, motivación, formales, morfológicos, sintácticos, semánticos, pragmáticos) sobre las siguientes locuciones:

cortar el bacalao, dar en el clavo, con vistas a, lengua viperina, al tuntún, de tomo y lomo, ver las estrellas, sin embargo, de todas maneras, darle [a alguien] *un vuelco el corazón*

SOLUCIONES A LOS EJERCICIOS

1) Son locuciones los sintagmas:

   dar la nota
   llevar los pantalones
   montar un pollo
   cortar las alas
   escurrir el bulto
   estar para comérselo
   no tener donde caerse muerto
   montar en cólera
   tener un nudo en la garganta
   echar chispas

2) Marcamos la locución más idiomática de las dos:

   <u>a la virulé</u>/a la carrera
   a golpes/<u>a menudo</u>
   a secas/<u>sin tapujos</u>
   <u>echar una mano</u>/llevar las de perder
   no ver tres en un burro/<u>no andarse con chiquitas</u>
   pasar factura/<u>pasar las de Caín</u>

3) Marcamos la locución cuyo proceso de formación se adivina con más facilidad, es decir, está más motivada:

   <u>echar las campanas al vuelo</u>/irse por los cerros de Úbeda
   a troche y moche/<u>a salto de mata</u>
   <u>pisarle los talones</u> [a alguien] / ser la repera
   <u>de rompe y rasga</u>/de postín
   <u>matar el gusanillo</u>/tomar las de Villadiego
   <u>perder la cabeza</u>/hacer estragos
   tomar el portante/<u>tener</u> [algo] <u>en la punta de la lengua</u>
   hacerse el sueco/<u>estar entre la espada y la pared</u>
   <u>en un abrir y cerrar de ojos</u>/en un santiamén
   <u>ser un zorro</u>/ser un mirlo blanco
   <u>ver las estrellas</u>/dorar la píldora

SOLUCIONES A LOS EJERCICIOS

<u>ahogarse en un vaso de agua</u>/estar en Babia
<u>costar un ojo de la cara</u>/irse a pique
en fárfara/<u>en volandas</u>

4) En (4), (5) y (6) marcamos las locuciones:

armar un texto/<u>armarse de paciencia</u>
<u>llamarse a engaño</u>/destapar el engaño
endulzar la vida/<u>ganarse la vida</u>
incubar un mal/<u>olerle</u> [algo] <u>mal</u> [a alguien]
redoblar esfuerzos/<u>sacar fuerzas de flaqueza</u>
<u>abrir boca</u>/abrir caminos para la paz
hervir la mente/<u>tener en mente</u>
<u>aguar la fiesta</u>/alimentar una esperanza
peinar el alma/<u>romper el alma</u>

5) <u>dar la matraca</u>/dar forma
poner en relación/<u>poner los puntos sobre las íes</u>
<u>hacer la vista gorda</u>/hacer mención
libertad de expresión/<u>cabeza de turco</u>
<u>agua de borrajas</u>/agua de colonia
regalo sorpresa/<u>regalo envenenado</u>
talón de Aquiles ("parte del *pie*") /<u>talón de Aquiles</u> ("debilidad")
<u>lengua viperina</u>/lengua materna

6) <u>tapar la boca</u>/zanjar una polémica
guiñar un ojo/<u>tener ojo</u>
caballo alazán/<u>caballo de Troya</u>
<u>conejillo de indias</u>/momento crucial
error garrafal/<u>puñalada trapera</u>
lógica aplastante/<u>balde de agua fría</u>
conciliar el sueño/<u>quitar el sueño</u>
opuesto diametralmente/<u>hecho y derecho</u>

7) Nominales: *ley seca, carne de cañón, cabeza de turco*
   Adjetivales: *de lomo y lomo, de marras, ligero de cascos*
   Verbales: *ir contra la corriente, plantar cara*
   Adverbiales: *a bombo y platillo, a medias, de vez en cuando*
   Prepositivas: *a flor de*
   Marcadoras: *de puta madre, en resumidas cuentas, ahora bien*
   Clausales: *dolerle* [a alguien] *el alma, salirle* [a alguien] *el tiro por la culata.*

8) Sintagmas nominales: *paño de lágrimas, la cuadratura del círculo*
   Adjetivales: *ni muerto ni vivo, mondo y lirondo*
   Prepositivos: *a cambio de, en vilo, con vistas a, de hecho*
   Verbales: *pasar página, sabérselas todas, hacer la vista gorda, ser un viva la virgen, cortar el bacalao, armar la de Dios es Cristo.*

9) *a troche y moche, en cuclillas, ad líbitum, a ojos vistas, a horcajadas, tomar las de Villadiego, a la topa tolondro, pasar por las horcas caudinas, a la virulé, el quid de la cuestión, armar la de san Quintín, al alimón, a pie juntillas, a hurtadillas, a gatas, hacer el paripé, pasar las de Caín, al bies, de marras, al tuntún, de repente, de la Ceca a la Meca, entre Pinto y Valdemoro, en volandas, estar en Babia, por fas o por nefás, a tontas y a locas, por arte de birlibirloque.*

10) Sinonimia: a, b, d, e, g, i, n
    Antonimia: c, f, h, j, k, l, m

11) Algunos ejemplos:

   Lengua: *lengua viperina, írsele* [a alguien] *la lengua, morderse la lengua, tener mucha lengua, tirar de la lengua.*
   Boca: *boca arriba, boca abajo, de boca en boca, mentir con toda la boca, tapar la boca, tener buena/mala boca.*
   Cara: *cara de perro, echar en cara, cara a cara, partirle* [a alguien] *la cara, poner buena/mala cara, dar la cara* [por alguien].
   Pelo: *tomar el pelo, de pelo en pecho, a pelo, estar* [algo] *en un pelo, no tener un pelo de tonto, no tener pelos en la lengua, soltarse el pelo.*
   Mano: *de segunda mano, mano a mano, a mano, echar una mano, en buenas manos, en manos de, llevarse las manos a la cabeza, meter mano, quitarle* [a alguien] *las cosas de las manos, frotarse las manos.*
   Brazo: *a brazo partido, (no) dar su brazo a torcer, ser el brazo derecho* [de alguien], *volverse con los brazos cruzados.*
   Pie: *a pie, en pie, al pie de la letra, a pie(s) juntillas, con buen/mal pie, de pies a cabeza, en pie de guerra, entrar con buen pie, levantarse con el pie izquierdo, no tener* [algo] *pies ni cabeza, no dar pie con bola.*

12) Algunas variantes:

   dar la lata/matraca/monserga/coña/paliza
   dormir como un lirón/marmota/ceporro/tronar/leño/angelito/santo
   no importar un bledo/pimiento/pito/mierda
   costar un riñón/ojo de la cara/dineral/millonada/burrada/potosí
   trabajar como una mula/burro/borrico/negro/enano
   dar en el clavo/diana/quid/busilis

SOLUCIONES A LOS EJERCICIOS 103

13) *a vista de pájaro*

tener el toro cogido por los cuernos
poner toda la carne en el asador
arrimar el hombro
tener la sartén por el mango
acercar el ascua a su sardina
no dar pie con bola

14) Algunas sugerencias:

Cortar el bacalao: locución verbal, idiomática, motivada, sintagma verbal que ha fijado su objeto directo, significa "dominar una situación". Tiene un homófono literal, lo que podría facilitar en un contexto dado el juego con ambas expresiones.

Dar en el clavo: locución verbal, idiomática, motivada, sintagma verbal que ha fijado un circunstante, significa "acertar". Tiene un homófono literal, lo que facilitaría que un hablante o escritor jugara con ambos en un determinado contexto aunque, a diferencia del ejemplo anterior, el literal resulta mucho menos frecuente.

Con vistas a: locución prepositiva, idiomática y parcialmente motivada, en la que el núcleo del sintagma nominal *(vistas)* ha perdido parte de sus valores, sintagma prepositivo con régimen preposicional necesario, significa "en previsión de".

Lengua viperina: locución nominal, idiomática, motivada en algún grado, sintagma nominal formado por un núcleo *(lengua)* y su modificador *(viperina)*, significa "persona mordaz, murmuradora y maldiciente" *(DRAE)*.

Al tuntún: locución adverbial que normalmente funciona como circunstancial con verbos como *hacer* o *actuar;* idiomática, con palabra diacrítica y juego fónico entre las dos sílabas de su formante principal, sintagma prepositivo, significa "sin reflexión". Puede tener una variante, *al buen tuntún.*

De tomo y lomo: locución adjetival, idiomática y parcialmente motivada que emplea la paronomasia (o la rima) para su formación, sintagma prepositivo, significa "de mucho bulto y peso" o "de consideración o importancia" *(DPL).*

Ver las estrellas: locución verbal, idiomática, bastante motivada, sintagma verbal que ha fijado su objeto directo, significa "sentir un dolor muy intenso". El *DRAE* nos ofrece una explicación de la misma: "se dice por la especie de lucecillas que parece que uno ve cuando recibe un gran golpe". Tiene un homófono literal con el que podría alternar en un contexto dado.

Sin embargo: locución marcadora de oposición, idiomática, muy poco motivada, sintagma prepositivo, significa "no obstante", locución por la que podría ser intercambiable, aunque lo más importante de su significado es su papel como elemento de enlace o de conexión entre enunciados.

De todas maneras: locución marcadora de oposición, idiomática, poco motivada, sintagma prepositivo, significa "así y todo", locución por la que podría ser intercambiable. Forma un paradigma con *de todos modos* y *de todas formas.*

Darle [a alguien] *un vuelco el corazón:* locución clausal, idiomática, altamente motivada, sintagma nominal sintagma verbal que ha fijado, junto al verbo, el sujeto y el objeto directo. Ha empleado para formarse una metáfora, basada en un posible hecho físico, lo que permite expresar el contenido "sentir de pronto sobresalto, alegría u otro movimiento del ánimo" *(DRAE).*

BIBLIOGRAFÍA

Obras de consulta de fraseología española

Carneado, Z.; A. Mª Tristá (1983): *Estudios de fraseología*. Academia de Ciencias de Cuba. Instituto de Literatura y Lingüística.
Casares, J. (1950): *Introducción a la lexicografía moderna*. Madrid, *Revista de Filología Española*, anejo LII (reimpreso en 1969 y 1992).
Corpas, G. (1996): *Manual de fraseología española*. Madrid, Gredos.
Corpas, G. (ed.) (2000): *Las lenguas de Europa: estudios de fraseología, fraseografía y traducción*. Granada, Comares.
Luque, J. y A. Pamies (eds.) (1998): *Léxico y fraseología*. Granada, Método Ediciones.
Martínez Marín, J. (1996): *Estudios de fraseología española*. Málaga, Ágora.
Ruiz Gurillo, L. (1997a): *Aspectos de fraseología teórica española*. Valencia, Universitat. Anejo XXIV de Cuadernos de Filología.
Wotjak, G. (ed.) (1998): *Estudios de fraseología y fraseografía del español actual*. Frankfurt, Vervuert.
Zuluaga, A. (1980): *Introducción al estudio de las expresiones fijas*. Tübingen, Max Hueber Verlag.

Otras referencias de interés

Almela, R. (1999): *Procedimientos de formación de palabras en español*. Barcelona, Ariel.
Anscombre, J. C. y O. Ducrot (1994): *La argumentación en la lengua*. Madrid, Gredos.
Asensio, J. J. (1999): *Comportamiento de la negación en la fraseología del español coloquial*. Madrid, UNED (Tesis Doctoral).
Belinchón, M. (1999): "Lenguaje no literal y aspectos pragmáticos de la comprensión". En De Vega, M. y F. Cuetos (coords.), *Psicolingüística del español*. Madrid, Taurus, págs. 307-373.
Briz, A. (1998): *El español coloquial en la conversación. Esbozo de pragmagramática*. Barcelona, Ariel.
Briz, A. (2000): "El análisis de un texto oral coloquial". En Briz, A. y Grupo Val.Es.Co. (coords.), págs. 29-48.

Briz, A. (coord.) (Grupo Val.Es.Co.) (1995): *La conversación coloquial. Materiales para su estudio.* Valéncia, Universitat. Anejo XVI de *Cuadernos de Filología.*
Briz, A. y Grupo Val.Es.Co. (coords.) (2000): *¿Cómo se comenta un texto coloquial?* Barcelona, Ariel.
Casado, M. (1993): *Introducción a la gramática del texto del español.* Madrid, Arco/Libros.
Casado, M. (1998): "Lingüística del texto y marcadores del discurso". En Martín Zorraquino, Mª A. y E. Montolío (coords.), págs. 55-70.
Castillo, Mª A. (1997): *Unidades pluriverbales en un corpus del español contemporáneo.* Málaga, Universidad de Málaga.
Castillo, Mª A. (2000): "Lingüística de corpus y fraseología: algunas consideraciones sobre las locuciones verbales". En Corpas, G. (ed.), págs. 95-126.
Carneado, Z. (1985): "Notas sobre las variantes fraseológicas", *Anuario L/L,* 16, págs. 269-277.
Corpas, G. (1996): "La fraseología en los diccionarios bilingües". En Alvar Ezquerra, M. (coord), *Estudios de historia de la lexicografía del español.* Málaga, Universidad de Málaga, págs. 167-182.
Corpas, G. (1998a): "El uso de paremias en un corpus del español peninsular actual". En Wotjak, G. (ed.), págs. 365-390.
Corpas, G. (1998b): "Criterios generales de clasificación del universo fraseológico de las lenguas con ejemplos en español y en inglés". En Alvar Ezquerra, M. y G. Corpas (coords.): *Diccionarios, frases, palabras.* Málaga, Universidad de Málaga, págs. 157-187.
Corpas, G. (2000): "Acerca de la (in)traducibilidad de la fraseología". En Corpas, G. (ed.), págs. 483-522.
Cuenca, Mª J.; J. Hilferty (1999): *Introducción a la lingüística cognitiva.* Barcelona, Ariel.
Chamizo, P. J. (1998): *Metáfora y conocimiento.* Málaga, Universidad de Málaga, Anejo XVI de *Analecta Malacitana.*
Daniel, P. (1988): "Panorámica del argot español". En León, V. *Diccionario de argot.* Madrid, Alianza, págs. 7-27.
De Beugrande, R. A. y W. U. Dressler (1997): *Introducción a la lingüística del texto.* Barcelona, Ariel.
DFEM: Vareta, F. y H. Kubarth (1994): *Diccionario fraseológico del español moderno.* Madrid, Gredos.
Domínguez, P.; M. Morera y G. Ortega (1988): *El español idiomático. Frases y modismos del español.* Barcelona, Ariel.
DPL: Fontanillo, E. (1997): *Diccionario práctico de locuciones.* Barcelona, Larousse Planeta.
DRAE: Real Academia Española (1992): *Diccionario de la lengua española.* Madrid, Espasa Calpe.
DUE: Moliner, M. (1983): *Diccionario de uso del español.* Madrid, Gredos.

FERRO, X. (ed.) (1998): *Actas do I Coloquio Galego de Fraseoloxía*. Vigo, Xunta de Galicia.
FIALA, P.; P. LAFON y M.-F. PIGUET (eds.) (1997): *La locution: entre lexique, syntaxe et pragmatique. (Identification en corpus, traitement, apprentisage)*. Paris, Klincksieck, collection "Saint-Cloud".
FORMENT, M. (1998): "La didáctica de la fraseología ayer y hoy: del aprendizaje memorístico al agrupamiento en los repertorios de funciones comunicativas". En MORENO, F.; M. GIL. y K. ALONSO (eds.): *La enseñanza del español como lengua extranjera: del pasado al futuro* (Actas del VIII Congreso de ASELE. Alcalá de Henares, 1997). Alcalá de Henares, Universidad de Alcalá, págs. 339-347.
FORMENT, M. (1999): *Fijación y uso de algunas expresiones fraseológicas del español*. Barcelona, Universidad de Barcelona (Tesis Doctoral).
FORMENT, M. (2000): "Variación fraseológica y didáctica del español", *Frecuencia L*, 13, págs. 64-67.
FORMENT, M. (en prensa): "La utilización de bases de datos para el estudio histórico de la fraseología". En *Léxico y Gramática (Congreso Internacional)*. Lugo, 25-28 de septiembre de 2000.
GARACHANA, M. (1998a): "La evolución de los conectores contraargumentativos: la gramaticalización de *no obstante* y *sin embargo*". En MARTÍN ZORRAQUINO. Mª A. y E. MONTOLÍO (eds.), págs. 193-212.
GARACHANA, M. (1998b): "La noción de preferencia en la gramaticalización de *ahora (que), ahora bien, antes, antes bien* y *más bien*". En CIFUENTES, J. L. (ed.): *Estudios de lingüística cognitiva*. Alicante, Universidad de Alicante, págs. 593-614.
GARCÍA-PAGE, M. (1991): "Locuciones adverbiales con palabras 'idiomáticas'". *REL*, 21, 2, págs. 231-264.
GARCÍA-PAGE, M. (1996a): "Sobre las variantes fraseológicas en español". *Revista Canadiense de Estudios Hispánicos*, XX, 3, págs. 477-490.
GARCÍA-PAGE, M. (1996b): "Más sobre la comparativa fraseológica en español". *LEA*, XVIII/1, págs. 49-77.
GARCÍA-PAGE, M. (1999): "Expressions figées et antonymie en espagnol contemporain", *Cahiers de Lexicologie*, 74, 1, págs. 79-97.
GARCÍA-PAGE, M. (2000): "Expresiones fijas idiomáticas, semiidiomáticas y libres". *Cahiers du PROHEMIO*, 3, págs. 95-109.
GEERAERTS, D. (1995): "Especialització i reinterpretació en les expressions idiomàtiques", *Caplletra*, 18, págs. 45-63.
GOMEZ MOLINA, J. R. (2000): "Las unidades fraseológicas del español: una propuesta metodológica para la enseñanza de las locuciones en la clase de ELE". En COPERÍAS, Mª J.; J. REDONDO y J. SANMARTÍN (eds.), *Aprendizaje-enseñanza de una segunda lengua. Quaderns de Filologia*, V. Valencia, Universitat de Valéncia, págs. 111-134.
GUILBERT, L. (1975): *La créativité lexicale*. Paris, Larousse.

LAKOFF, G.; M. JOHNSON (1991): *Metáforas de la vida cotidiana*. Madrid, Cátedra.
LEVORATO, M. Ch. y C. CACCIARI (1992): "Children's comprehension and production of idioms: the role of context and familiarity", *Journal of Child Language,* 19, págs. 415-433.
LÓPEZ GARCÍA, Á. (1990): "La estructura formal del modismo". *Nuevos estudios de lingüística*. Murcia, Universidad de Murcia, págs. 193-205.
MARTÍN MINGORACE, L. (1983): "Las unidades sintagmáticas verbales en inglés y en español. Metodología de análisis". *Actas del I Congreso Nacional de Lingüística Aplicada. Tendencias actuales en las aplicaciones de la lingüística,* Madrid, SGEL, págs. 211-220.
MARTÍN ZORRAQUINO, Mª A. y E. MONTOLÍO (coords.) (1998): *Los marcadores del discurso. Teoría y análisis*. Madrid, Arco/Libros.
MARTINS-BALTAR, M. (ed.) (1997): *La locution entre langue et usages*. Paris, ENS Editions Fontenay-Saint-Cloud.
MELENDO, A. (1965): "De las locuciones en español". *Les langues néolatines,* año 59, fascículo 11, mayo-junio 1965, n°173, págs. 1-31.
MENDÍVIL, J. L. (1999): *Las palabras disgregadas. Sintaxis de las expresiones idiomáticas y los predicados complejos*. Zaragoza, Prensas Universitarias de Zaragoza.
ORTEGA, G. y G. ROCHEL (1995): *Dificultades del español*. Barcelona, Ariel.
PAYRATÓ, Ll. (1998): *De profesión lingüista. (Panorama de la lingüística aplicada)*. Barcelona, Ariel.
PENADÉS, I. (1999): *La enseñanza de las unidades fraseológicas*. Madrid, Arco/Libros.
PENADÉS, I. (2000): *La hiponimia en las unidades fraseológicas*. Cádiz, Universidad de Cádiz.
PONS, S. (2000): "Los conectores". En BRIZ, A. y Grupo Val.Es.Co. (coords), págs. 193-220.
PONS, S. y L. RUIZ GURILLO (en prensa): "Los orígenes del conector *de todas maneras:* fijación formal y pragmática", *Revista de Filología Española*.
PORTOLÉS, J. (1998a): *Marcadores del discurso*. Barcelona, Ariel.
PORTOLÉS, J. (1998b): "La teoría de la argumentación en la lengua y los marcadores del discurso". En MARTÍN ZORRAQUINO, Mª A. y E. MONTOLÍO (coords.), págs. 71-91.
REYES, G. (1996): *El abecé de la pragmática*. Madrid, Arco/Libros.
RIVIÈRE, Á. (1999): "Bases ontogenéticas y cerebrales de la comprensión de metáforas: fundamentos en el desarrollo normal y alteraciones en los trastornos del desarrollo", *Actas del V Simposio de Logopedia: Ciencia y Técnica* (noviembre 1999), págs. 43-53.
ROSSARI, C. (1994): *Les opérations de reformulation*. Berna, Peter Lang.
RUIZ GURILLO, L. (1995): *El español coloquial y su fraseología: los sintagmas prepositivos fraseológicos y su incidencia funcional*. Valencia, Universitat de Valencia (Tesis Doctoral).

Ruiz Gurillo, L. (1997b): "Relevancia y fraseología: la desautomatización en la conversación coloquial", *Español Actual,* 68, págs. 21-30.
Ruiz Gurillo, L. (1998): *La fraseología del español coloquial.* Barcelona, Ariel.
Ruiz Gurillo, L. (1999): "*Por supuesto, estamos de acuerdo:* un análisis argumentativo de los operadores de refuerzo", *Oralia,* 2, págs. 241-261.
Ruiz Gurillo, L. (2000a), "Cómo integrar la fraseología en los diccionarios monolingües". En Corpas, G. (ed.), págs. 261-274.
Ruiz Gurillo, L. (2000b): "Un enfoque didáctico de la fraseología española para extranjeros". En Coperías, Mª J.; J. Redondo y J. San Martín (eds.). *Aprendizaje y enseñanza de una segunda lengua. Quaderns de Filologia,* V. Valencia, Universitat de Valéncia, págs. 259-275.
Ruiz Gurillo, L. (2000c): "La fraseología". En Briz, A. y Grupo Val.Es.Co. (coords), págs. 169-189.
Ruiz Gurillo, L. (2000d): "¿Puede la fraseología ser relevante en cualquier situación?". En Salvador, V. y A. Piquer (eds.), págs. 81-103.
Ruiz Gurillo, L. (en prensa 1): "Contribuciones relevantes en la conversación coloquial", *Actas del I Simposio Internacional de Análisis del Discurso,* Madrid, abril de 1998.
Ruiz Gurillo, L. (en prensa 2): "La fraseología como cognición: vías de análisis", *Lingüística Española Actual.*
Ruiz Gurillo, L. y S. Pons (1995): "Escalas morfológicas o escalas argumentativas", *Español Actual,* 64-65, págs. 53-74.
Salvador, V. (coord.) (1995): *Caplletra,* 18. (Volumen monográfico sobre fraseología). Barcelona, Publicacions de l'Abadia de Monserrat.
Salvador, V. y A. Piquer (eds.) (2000): *El discurs prefabricat. Estudis de fraseologia teòrica i aplicada. (Actes de les Jornades de Fraseologia Comparada.* Castelló de la Plana, 11-12 de noviembre de 1999). Castellón, Universidad de Castellón.
Sanmartín, J. (1999): *Palabras desde el talego. (El argot en la prisión de Valencia).* Valencia, Institució Alfons el Magnánim.
Sanmartín, J. (2000): "La creación léxica (I). Neologismos semánticos. Las metáforas de cada día". En Briz, A. y Grupo Val.Es.Co. (coords.), págs. 125-142.
Santamaría, I. (1998): "El tratamiento de las unidades fraseológicas en la lexicografía bilingüe", *Estudios de Lingüística,* 12, págs. 299-318.
Santamaría, I. (2000): *Tratamiento de las unidades fraseológicas en la lexicografía bilingüe español-catalán.* Alicante, Universidad de Alicante (Tesis Doctoral).
Sperber, D. y D. Wilson (1994): *La Relevancia. Comunicación y procesos cognitivos,* Madrid, Visor.
Tristá, A. Mª (1976-77): "La fraseología como disciplina lingüística", *Anuario L/L,* 7-8. 155-161.

TRISTÁ, A. Mª (1983): "Fuentes de las unidades fraseológicas: sus modos de formación". En CARNEADO, Z. y A. Mª TRISTÁ, págs. 67-90.
TRISTÁ, A. Mª (1998): "La fraseología y la fraseografía". En WOTJAK, G. (ed.), págs. 297-305.
ULATOWSKA, H. K. y G. S. OLNESS (1998): "Reflections on the nature of proverbs: evidence from aphasia", *Proverbium*, 15, págs. 329-346.
WILSON, D. y D. SPERBER (1993): "Linguistic form and relevance", *Lingua*, 90, págs. 1-25.
WOTJAK, G. (1998): "¿Cómo tratar las unidades fraseológicas (UF) en el diccionario?". En WOTJAK, G. (ed.), págs. 307-321.
ZULUAGA, A. (1992): "Spanisch: Phraseologie". En HOLTUS, G.; M. METZELTIN y Ch. SCHMITT (eds.), *Lexikon der Romanistischen Linguistik*. Tübingen, Max Niemeyer Verlag, págs. 125-131.